21 Mulheres Inspiradoras

A Vida de Mulheres Corajosas e Influentes do Século 20: Kamala Harris, Mother Teresa e mais (Livro Biográfico para Jovens e Adultos)

Por Student Press Books

Tabela de Conteúdos

Tabela de Conteúdos 2

Introdução 4

Seu Presente 5

Benazir Bhutto (1953-2007) 6

Betty Friedan (1921-2006) 9

Grace Hopper (1906-1992) 13

Margaret Thatcher (1925-2013) 16

Kamala Harris (nascido em 1964) 20

Serena Williams (nascida em 1981) 24

Sally Ride (1951-2012) 28

Audrey Hepburn (1929-1993) 31

Shirin Ebadi (nascida em 1947) 35

Wilma Rudolph (1940-1994) 38

Gloria Steinem (nascida em 1934) 42

Vigdís Finnbogadóttir (nascido em 1930) 45

Sandra Day O'Connor (nascida em 1930) 48

Althea Gibson (1927-2003) 51

Yingluck Shinawatra (nascido em 1967) 55

Gertrude B. Elion (1918-1999) 59

Katharine Graham (1917-2001).. 62

Babe Didrikson Zaharias (1911-1956)...................................... 66

Madre Teresa (1910-1997) 69

Angela Merkel (nascida em 1954).. 73

Tsai Ing-wen (nascido em 1956)... 79

Seu Presente 83

Livros 85

Conclusão 90

Introdução

Conheça as mulheres inspiradoras do século XX - biografias voltadas para as idades de 12 anos ou mais.

Bem-vindo à série Empoderamento Feminino, que nesta obra lhe apresenta modelos de mulheres destemidas do **século XX**. Este livro, **21 Mulheres Inspiradoras,** apresenta biografias inspiradoras de mulheres inovadoras do mundo inteiro.

Estas mulheres continuam o legado de pessoas destemidas e influentes que exerceram livremente suas identidades, suas ideias, teimosias, defendendo sua inteligência corajosamente!

21 personalidades ousadas ficam lado a lado em cada página para que você explore: Benazir Bhutto, Betty Friedan, Grace Hopper, Maya Angelou, Kamala Harris, Serena Williams, Sally Ride, Audrey Hepburn, Wangari Maathai, Wilma Rudolph, Gloria Steinem, Toni Morrison, Sandra Day O'connor, Althea Gibson, Yingluck Shinawatra, Gertrude B. Elion, Fannie Lou Hamer, Babe Didrikson Zaharias, Madre Teresa, Angela Merkel, e Tsai Ing-wen. Estas são as 21 mulheres destemidas que desafiaram as possibilidades!

Este livro da série Empoderamento Feminino **inclui:**

- Biografias fascinantes - Leia sobre modelos femininos famosos, influentes e inspiradores.
- Retratos vívidos – Traga estas mulheres a vida em sua imaginação com a ajuda de fotos ou ilustrações estimulantes.

Sobre a série: A **série** Empoderamento Feminino da editora **Student Press Books** apresenta novas perspectivas sobre o Empoderamento Feminino que vão inspirar os jovens leitores a perceber sua posição em uma sociedade cada vez mais diversificada. **Quem será sua próxima fonte de inspiração?**

O livro 21 Mulheres Inspiradoras vai além de outros livros de biografia sobre Empoderamento Feminino que **destaca tópicos e pessoas no mundo inteiro e através do tempo. É também um** grande presente para qualquer filha, irmã, sobrinha ou neta.

Seu Presente

Você tem um livro em suas mãos.

Não é um livro qualquer, é um livro de livros para a imprensa estudantil! Nós escrevemos sobre os heróis negros, a capacitação das mulheres, mitologia, filosofia, história, e outros assuntos interessantes!

Desde que você comprou um livro, queremos que você tenha outro de graça.

Tudo o que você precisa é um endereço de e-mail e a possibilidade de assinar nossa newsletter (o que significa que você pode cancelar a inscrição a qualquer momento).

Então, do que você está esperando? Inscreva-se hoje e reclame seu livro gratuito imediatamente! Tudo o que você precisa fazer é visitar o link abaixo e digitar seu endereço de e-mail. Você receberá o link para baixar a versão em PDF do livro imediatamente para que possa ser lido offline a qualquer momento.

E não se preocupe - não há taxas de captura ou escondidas; apenas um bom brinde à moda antiga de nós aqui na Student Press Books.

Visite este link agora mesmo e inscreva-se para receber seu exemplar gratuito de um de nossos livros!

Link: https://campsite.bio/studentpressbooks

Benazir Bhutto (1953-2007)

Ex-Primeiro Ministro do Paquistão

"Você pode aprisionar um homem, mas não uma idéia.
Você pode exilar um homem, mas não uma idéia".
Você pode matar um homem, mas não uma idéia".

A primeira mulher a alcançar a liderança política de um país muçulmano nos tempos modernos foi Benazir Bhutto. Em 1988 ela foi nomeada primeira-ministra do Paquistão para suceder ao general Mohammad Zia ul-Haq, o homem que havia tomado o cargo de seu pai e ordenado sua execução. Benazir Bhutto cumpriu dois mandatos como primeiro-ministro, em 1988-1990 e em 1993-1996.

Benazir Bhutto nasceu em 21 de junho de 1953, em Karachi. Bhutto estudou no exterior, obtendo diplomas da Universidade de Harvard, nos

Estados Unidos, em 1973, e da Universidade de Oxford, na Inglaterra, em 1977. Seu pai, Zulfikar Ali Bhutto, havia liderado o Paquistão desde 1971, primeiro como presidente e depois como primeiro-ministro, e ela o acompanhava com freqüência em suas viagens oficiais. Em julho de 1977, seu governo foi derrubado em uma revolta liderada por Zia. Seu pai foi preso e depois enforcado em 1979. Ela então se tornou a chefe titular do partido político de seu pai, o Partido do Povo do Paquistão (PPP).

Durante os cinco anos seguintes, Benazir Bhutto foi mantido ou na prisão ou em prisão domiciliar. Zia a mandou para o exílio em Londres em 1984. Depois que Zia levantou a lei marcial, ela voltou para casa para uma recepção triunfante em 1986 e se tornou a principal figura que se opunha ao seu governo.

Depois que Zia morreu em circunstâncias misteriosas em um acidente de avião em agosto de 1988, foram realizadas eleições livres. Bhutto levou o PPP à vitória e tornou-se primeiro-ministro de um governo de coalizão em dezembro de 1988. Ela foi incapaz, no entanto, de fazer muito para combater a pobreza generalizada e o aumento da criminalidade no Paquistão. Em agosto de 1990, a presidente do país, Ghulam Ishaq Khan, demitiu seu governo sob a acusação de corrupção.

Seu partido foi derrotado nas eleições seguintes, e Benazir Bhutto tornou-se o líder da oposição no Parlamento do Paquistão. Nas eleições de outubro de 1993, seu partido ganhou uma pluralidade, e Bhutto tornou-se novamente primeiro-ministro de um governo de coalizão. Sob novas alegações de corrupção e má administração econômica, porém, o governo de Bhutto foi demitido em 1996 pelo presidente Farooq Leghari.

Bhutto foi para o exílio auto-imposto em 1999, enquanto ainda enfrentava acusações de corrupção. Enquanto isso, o general Pervez Musharraf tomou o poder e se tornou presidente. Em 2007 ele finalmente concedeu anistia a Bhutto para as acusações de corrupção, e ela retornou ao Paquistão em outubro daquele ano.

Benazir Bhutto foi assassinada em Rawalpindi em 27 de dezembro de 2007, quando ela fazia campanha para as próximas eleições nacionais. Seu marido, Asif Ali Zardari, assumiu o cargo de chefe do PPP.

A autobiografia de Bhutto, *Filha do Oriente*, foi publicada em 1988. (Também foi publicada sob o título *Filha do Destino* em 1989.) Seu livro *Reconciliação: Islamismo, Democracia e Ocidente* foi publicado após sua morte, em 2008.

Destaques

- Benazir Bhutto é um político paquistanês que se tornou a primeira mulher líder de uma nação muçulmana na história moderna. Ela serviu dois mandatos como primeira-ministra do Paquistão, em 1988-1990 e em 1993-1996.
- Após a execução de seu pai em 1979 durante o governo do ditador militar Mohammad Zia-ul-Haq, Bhutto tornou-se o chefe titular do partido de seu pai, o Partido do Povo Paquistanês (PPP), e passou por frequentes prisões domiciliares de 1979 a 1984.
- Legalmente separada e livre das restrições trazidas à PPP pela liderança de Bhutto, a PPPP participou das eleições de 2002, nas quais procedeu para ganhar um voto forte. Entretanto, os termos de Bhutto para cooperação com o governo militar - que todas as acusações contra ela e contra seu marido sejam retiradas - continuaram a ser negadas.

Questões de pesquisa

---

1. Quais são seus super-heróis femininos favoritos e por quê?
2. Como as coisas mudariam se o feminismo ainda não tivesse sido inventado hoje?
3. Quem é seu ícone feminista favorito?

Betty Friedan (1921-2006)

Escritora e ativista feminista americana

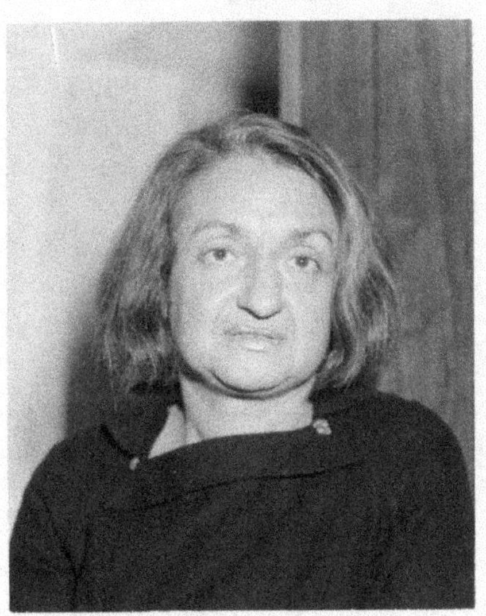

A autora e feminista americana Betty Friedan era mais conhecida por seu livro The Feminine Mystique (1963), que desafiava os papéis tradicionais da mulher. Em 1966 ela cofundou a Organização Nacional para a Mulher (NOW), um grupo de direitos civis dedicado a alcançar a igualdade de oportunidades para as mulheres.

Bettye Naomi Goldstein nasceu em 4 de fevereiro de 1921, em Peoria, Illinois. Em 1942 ela se formou em psicologia pela Smith College. Ela passou um ano na Universidade da Califórnia em Berkeley e depois se mudou para Nova York. Depois de trabalhar em vários empregos até 1947, casou-se com Carl Friedan (divorciado em 1969). Durante os 10 anos seguintes, ela viveu como dona de casa e mãe nos subúrbios de Nova York, enquanto trabalhava como freelancer para várias revistas.

Em 1957 **Betty Friedan** fez circular uma pesquisa entre seus colegas de classe Smith e descobriu que muitos deles estavam, como ela, insatisfeitos com suas vidas. Para aprofundar sua pesquisa, ela iniciou um extenso estudo sobre o tema, incluindo questionários mais detalhados, entrevistas e discussões com psicólogos e outros especialistas em comportamento. Ela finalmente publicou suas descobertas em seu livro de referência de 1963, *The Feminine Mystique*.

A Mística Feminina foi um best-seller imediato e controverso e foi traduzida para vários idiomas estrangeiros. Seu título veio de um termo Friedan usado para descrever um sentimento de inutilidade pessoal que resultou quando uma mulher aceitou um papel designado que exigia que ela fosse intelectualmente, economicamente e emocionalmente dependente de seu marido.

A tese principal de **Betty** Friedan era que as mulheres eram submetidas a um sistema difundido de ilusões e falsos valores sob os quais eram encorajadas a encontrar realização, mesmo identidade, através dos maridos e filhos aos quais se esperava que elas dedicassem alegremente suas vidas. Este papel restrito de esposa-mãe levou quase inevitavelmente a uma sensação de irrealidade ou falta de bem-estar espiritual geral, na ausência de um trabalho genuíno, criativo e autodefinido.

Como presidente da NOW de 1966 a 1970, Friedan dirigiu campanhas para uma maior representação das mulheres no governo, para centros de cuidado infantil para mães trabalhadoras, e para o aborto legalizado e outras reformas. Em tempos, a NOW foi uma das maiores e possivelmente a organização mais eficaz do **movimento feminino**.

Após renunciar à presidência, Friedan ajudou a organizar a Greve da Mulher pela Igualdade - realizada em 26 de agosto de 1970, o 50º aniversário do sufrágio feminino - e foi líder na campanha para a ratificação da proposta de **Emenda à** Constituição dos EUA sobre a **Igualdade de Direitos. Betty Friedan** foi membro fundador da National

Women's Political Caucus (1971), e tornou-se diretora da First Women's Bank and Trust Company em 1973.

Betty Friedan foi autora de alguns livros ao longo de sua carreira, incluindo *It Changed My Life: Escritos sobre o Movimento das Mulheres* (1976); *The Second Stage* (1981), uma avaliação do status do movimento feminino; e *The Fountain of Age* (1993), uma exploração sobre a psicologia da velhice.

Betty Friedan publicou suas memórias, *Life So Far*, em 2000. Ela morreu em 4 de fevereiro de 2006, em Washington, D.C.

Destaques

- Bettye Goldstein formou-se em 1942 no Smith College com um diploma em psicologia e, após um ano de trabalho de pós-graduação na Universidade da Califórnia, Berkeley, instalou-se em Nova York.
- A Mística Feminina (1963), que explorou as causas das frustrações das mulheres modernas em papéis tradicionais, foi um best-seller imediato e controverso e foi traduzida para vários idiomas estrangeiros.
- Membro fundador da National Women's Political Caucus (1971), ela disse que foi organizada "para fazer política, não café".
- Em 1976, Friedan publicou It Changed My Life: Escritos sobre o Movimento das Mulheres e em 1981 A Segunda Etapa, uma avaliação da situação do movimento das mulheres.
- A Fonte da Idade (1993) abordou a psicologia da velhice e pediu uma revisão da visão da sociedade de que o envelhecimento significa perda e exaustão.

---

1. Qual é o tipo de mulher a quem você iria se precisasse de um bom conselho?

2. Você acha que a opressão das mulheres em nossa sociedade as tem ajudado ou impedido de atingir seu potencial?
3. Como você acha que a sociedade poderia mudar e promover a igualdade mais efetivamente para ambos os sexos?

Grace Hopper (1906-1992)

Matemático, cientista da computação e oficial da marinha

"Liderança é uma via de mão dupla, lealdade para cima e lealdade para baixo". Respeito aos superiores; cuidado com a tripulação".

Grace Hopper era uma matemática americana, cientista da computação e contra-almirante da Marinha dos Estados Unidos. Hopper ajudou a criar o UNIVAC I, o primeiro computador eletrônico comercial. Ela foi pioneira no desenvolvimento de tecnologia informática, especialmente compiladores de software de computador que traduzem as instruções de um programador em códigos de computador.

Grace Hopper liderou a equipe que desenvolveu o primeiro compilador a usar principalmente comandos em inglês, em vez de comandos que se assemelham a notações matemáticas. Este avanço tornou a programação de computadores mais acessível às pessoas que não eram matemáticos. O compilador, chamado Flow-Matic, foi um dos principais precursores da linguagem de computador COBOL.

Grace Hopper nasceu Grace Brewster Murray em 9 de dezembro de 1906, em Nova York, Nova York. Ela se formou na Faculdade Vassar, em Poughkeepsie, Nova York, em 1928. Grace Hopper cursou a pós-graduação na Universidade de Yale, em New Haven, Connecticut, recebendo um mestrado em 1930 e um doutorado em 1934.

Hopper ensinou matemática em Vassar antes de se juntar à Reserva Naval dos EUA em 1943. Ela se tornou tenente e foi designada para o Projeto de Computação do Bureau of Ordnance na Universidade de Harvard em 1944. Em Harvard, Hopper trabalhou com Howard Aiken em Mark I, a primeira calculadora automática de larga escala e precursora de computadores eletrônicos.

Grace Hopper permaneceu em Harvard como bolsista de pesquisa civil, mantendo sua carreira naval como reservista. Depois que uma traça entrou nos circuitos de Mark I, ela cunhou o termo bug para se referir a falhas inexplicáveis no computador.

Em 1949, Hopper juntou-se à Eckert-Mauchly Computer Corp., onde ela projetou um compilador melhorado. Ela permaneceu na empresa quando ela foi assumida pela Remington Rand e pela Sperry Rand Corp. Em 1957, a divisão de Hopper desenvolveu o Flow-Matic, o primeiro compilador de processamento de dados em inglês. Mais tarde, Hopper concebeu aplicações navais em COBOL.

Grace Hopper aposentou-se da Marinha com a patente de comandante em 1966. No ano seguinte, no entanto, Hopper foi chamado ao serviço ativo para ajudar a padronizar os idiomas de computador da marinha. Aos 79 anos de idade, Grace Hopper era a oficial mais velha no serviço naval ativo dos EUA quando ela se aposentou novamente em 1986.

Grace Hopper foi eleita membro do Instituto de Engenheiros Elétricos e Eletrônicos em 1962. Hopper foi nomeado o primeiro "Homem do Ano" da informática pela Associação de Gestão de Processamento de Dados em 1969. Hopper foi agraciado com a Medalha Nacional de Tecnologia em 1991. Grace Hopper morreu em 1º de janeiro de 1992, em Arlington, Virgínia.

Destaques

- Ela se tornou tenente e foi designada para o Projeto de Computação do Bureau of Ordnance na Universidade de Harvard (1944), onde trabalhou em Mark I, a primeira calculadora automática de larga escala e precursora de computadores eletrônicos.
- Ela escreveu o primeiro manual de computador, A Manual of Operation for the Automatic Sequence Controlled Calculator (1946), que descreveu como operar Mark I e foi o primeiro tratamento extensivo de como programar um computador.
- O desenvolvimento de compiladores para COBOL por Grace Hopper e sua forte defesa da linguagem levou à sua ampla utilização nos anos 60.
- Hopper se aposentou da marinha com a patente de comandante em 1966, mas no ano seguinte foi chamado a serviço ativo para ajudar a padronizar os idiomas dos computadores da marinha.

---

1. Se você pudesse dar apenas um conselho a uma mulher que quer ser influente e capacitada, qual seria?
2. Quem são algumas das mulheres mais capacitadas em ciência, tecnologia, engenharia e matemática que você conhece?
3. O que é algo importante sobre ser uma líder feminina que as pessoas não falam com freqüência?

Margaret Thatcher (1925-2013)

A primeira mulher a se tornar Primeira Ministra do Reino Unido

Quando as pessoas são livres para escolher, elas escolhem a liberdade

A primeira mulher a ser eleita primeira-ministra do Reino Unido foi Margaret Thatcher, que também foi a primeira mulher a ocupar tal cargo na história da Europa. Primeira primeira primeira primeira-ministra desde 1820 a ganhar três eleições consecutivas, Thatcher ocupou um cargo mais longo do que qualquer outro líder britânico do século XX.

Margaret Hilda Roberts nasceu em 13 de outubro de 1925, em Grantham, Lincolnshire, Inglaterra. Ela fez recados para o Partido Conservador nas eleições de 1935 e manteve esta associação como membro da Associação Conservadora da Universidade de Oxford. Formada em ciências em Oxford, ela trabalhou como química de pesquisa.

Suas primeiras tentativas de conquistar uma cadeira no Parlamento foram em 1950 e 1951. Ela perdeu ambas as eleições. Em 1951 ela se casou com o empresário Denis Thatcher. Para se equipar para a política, Thatcher começou a estudar direito, com ênfase na tributação e na política de patentes. Em 1959, ela concorreu novamente ao Parlamento de um distrito conservador seguro no norte de Londres e ganhou.

Margaret Thatcher foi secretária do Ministério de Pensões e Seguros de 1961 a 1964 e secretária de Estado da Educação e Ciência no Gabinete de Edward Heath de 1970 a 1974. Após a perda pelo Partido Conservador de duas eleições gerais em 1974, Thatcher seguiu Heath como chefe do partido. Quando o Partido Conservador venceu as eleições de 1979, ela se tornou primeira-ministra.

Margaret Thatcher pertencia à ala mais conservadora de seu partido, defendendo cortes na tributação, o fim dos controles governamentais e a redução dos gastos públicos. Suas políticas iniciais causaram desemprego generalizado e uma série de falências de empresas. Uma vitória popular no conflito das Ilhas Malvinas em 1982, no entanto, levou a uma vitória esmagadora nas eleições de 1983. Sua estatura como líder mundial aumentou quando ela visitou a União Soviética em março de 1987, menos de três meses antes de obter outra vitória notável.

O objetivo declarado de Margaret Thatcher era "destruir o socialismo". Sua "revolução inacabada" para remodelar a vida política, econômica e social britânica - principalmente através da privatização - foi rotulada como Thatcherism. Por causa de sua forte liderança, ela foi chamada de Dama de Ferro.

Margaret Thatcher apoiou a aliança da OTAN e as Comunidades Européias, embora sua oposição à integração "Europa 1992" tenha afetado negativamente sua popularidade e ajudado a levar à sua demissão em novembro de 1990.

Apesar de sua saída oficial do cargo, Thatcher continuou a lançar uma sombra sobre a política mundial. Ela foi especialmente explícita em sua oposição à participação da Grã-Bretanha em várias instituições da União Européia, e Thatcher delineou sua posição em seu livro Statecraft: Estratégias para um Mundo em Mudança (2002).

Em 1991 Thatcher criou a Fundação Margaret Thatcher, que promove a democracia e os mercados livres, particularmente nos países ex-comunistas da Europa Central e Oriental. Em 1992, ela se tornou uma par para a vida na Câmara dos Lordes, e em 1995 a Rainha Isabel II lhe conferiu a Ordem da Jarreteira, a mais alta honra civil e militar britânica. Em março de 2002, depois de sofrer uma série de pequenos golpes, ela anunciou sua aposentadoria da vida pública. Margaret Thatcher morreu em 8 de abril de 2013, em Londres, Inglaterra.

Destaques

- Margaret Thatcher levou os Conservadores a uma vitória eleitoral decisiva em 1979, após uma série de grandes greves durante o inverno anterior (o chamado "Inverno do Descontentamento") sob o governo do Partido Trabalhista de James Callaghan.
- Thatcher entrou no cargo prometendo frear o poder dos sindicatos, que haviam demonstrado sua capacidade de paralisar o país durante seis semanas de greves no inverno de 1978-1979.
- A segunda metade do mandato de Thatcher foi marcada por uma polêmica inextinguível sobre o relacionamento da Grã-Bretanha com a Comunidade Européia (CE). Em 1984, Margaret Thatcher conseguiu, em meio a uma oposição feroz, reduzir drasticamente a contribuição da Grã-Bretanha para o orçamento da CE.

Questões de pesquisa

---

1. Quem você gostaria de ter como chefe? Margaret Thatcher ou Donald Trump?
2. Em seus últimos anos, o que inspirou Thatcher a fazer uma declaração controversa?

1. O que você faria de diferente se estivesse no comando do Reino
    Unido?

Kamala Harris (nascido em 1964)

Vice-presidente dos Estados Unidos

"Espero que, sendo um 'primeiro', eu inspire os jovens a perseguir seus sonhos".

O político democrata Kamala Harris tornou-se vice-presidente dos Estados Unidos em 2021. Harris foi a primeira mulher, a primeira negra, e a primeira asiática americana a ocupar esse cargo. A partir de 2017, Harris serviu como senador dos Estados Unidos representando o estado da Califórnia. Harris foi a primeira indiana americana a servir como senadora americana, bem como apenas a segunda mulher negra a fazê-lo.

Kamala Harris fez campanha para ser o candidato democrata nas eleições presidenciais de 2020. Após desistir da corrida, Joe Biden a selecionou como sua companheira de candidatura vice-presidencial.

Kamala Devi Harris nasceu em 20 de outubro de 1964, em Oakland, Califórnia. Seu pai, um jamaicano, lecionou na Universidade de Stanford. Sua mãe, filha de um diplomata indiano, era uma pesquisadora de câncer. Kamala Harris estudou ciências políticas e economia na Universidade

Howard, da qual se formou com um bacharelado em 1986. Ela se formou em Direito pela University of California Hastings College of the Law, em São Francisco, em 1989.

Kamala Harris ganhou reputação de resistência como promotora distrital adjunta (1990-98) em Oakland, onde ela processou casos de violência de gangues, tráfico de drogas e abuso sexual. Mais tarde ela chefiou a Divisão de Crianças e Famílias da Promotoria Municipal de São Francisco. Em 2003 ela foi eleita promotora distrital de São Francisco. Em 2010 ela foi eleita Procuradora-Geral da Califórnia por uma margem de menos de 1%. Quando tomou posse no ano seguinte, ela se tornou a primeira mulher e a primeira pessoa negra a ocupar o cargo.

Como advogada geral, Kamala Harris freqüentemente demonstrou independência política, como quando ela rejeitou a pressão da administração do Presidente Barack Obama para resolver um processo judicial nacional contra emprestadores hipotecários por práticas desleais. Ao invés disso, ela pressionou o caso da Califórnia e em 2012 ganhou um julgamento cinco vezes maior do que o acordo originalmente oferecido.

Kamala Harris elevou seu perfil nacional quando proferiu um discurso memorável na Convenção Nacional Democrática de 2012. Amplamente considerada uma estrela em ascensão dentro do partido, ela foi recrutada para concorrer à vaga no Senado dos EUA ocupada por Barbara Boxer, que estava se aposentando. No início de 2015, ela anunciou sua candidatura. Na trilha da campanha ela apelou por reformas de imigração e justiça criminal, aumento do salário mínimo e proteção dos direitos reprodutivos das mulheres. Kamala Harris venceu as eleições de 2016 por quase três milhões de votos.

Depois de tomar posse em janeiro de 2017, Kamala Harris começou a servir no Comitê Seleto de Inteligência e no Comitê Judiciário, entre outras atribuições. Ela ficou conhecida por seu estilo promotor de interrogar testemunhas durante as audiências. Em junho de 2017, ela chamou especial atenção para suas perguntas ao Procurador Geral dos EUA Jeff Sessions, que estava testemunhando perante o Comitê de Inteligência sobre a suposta interferência russa nas eleições presidenciais de 2016. Ela havia convocado anteriormente as Sessões para se demitir.

O livro de memórias de Harris, *The Truths We Hold: An American Journey*, foi publicado em janeiro de 2019. Pouco tempo depois, Kamala Harris anunciou que estava buscando a indicação presidencial democrata em 2020. Ela teve um bom desempenho nos primeiros debates, mas lutou para manter seu impulso na corrida presidencial. Kamala Harris desistiu da corrida no início de dezembro de 2019.

Em agosto de 2020, Biden, que se tornaria o candidato presidencial democrata, nomeou Harris como seu companheiro de candidatura. Kamala Harris tornou-se a primeira mulher negra e a primeira indiana americana a concorrer à vice-presidência como candidata de um grande partido nacional. A eleição foi realizada em 3 de novembro. Como os votos foram contados nos dias seguintes, ficou claro que Biden e Harris ganhariam uma maioria decisiva dos votos do colégio eleitoral sobre seus oponentes, Donald Trump e Mike Pence. Biden e Harris também ganharam o voto popular por vários milhões de votos.

Nas semanas após a eleição, Trump e vários outros líderes republicanos desafiaram os resultados, alegando infundadamente que havia havido fraude eleitoral maciça. Embora Trump e seus aliados tenham entrado com uma série de ações judiciais, nenhuma prova foi fornecida para apoiar as alegações. A grande maioria dos casos foi arquivada. No início de dezembro de 2020, todos os estados tinham certificado os resultados eleitorais. Ainda assim, Trump continuou a pedir aos republicanos que revogassem as eleições.

O processo foi então transferido para o Congresso para a certificação final. Logo após o início dos trabalhos, em 6 de janeiro de 2021, uma multidão de apoiadores do Trump invadiu o Capitólio. Levou várias horas para assegurar o edifício, mas Biden e Harris acabaram sendo certificados como os vencedores. Kamala Harris denunciou mais tarde o cerco - que muitos acreditavam que Trump havia incitado - como "um assalto à democracia americana". Em 18 de janeiro ela se demitiu oficialmente do Senado. Dois dias depois, Kamala Harris foi empossada como 49° vice-presidente do país.

Destaques

- Kamala Harris atuou no Senado dos Estados Unidos (2017-2021) e como Procurador-Geral da Califórnia (2011-2017).
- Kamala Harris, em pleno Kamala Devi Harris, tornou-se um dos principais defensores da reforma da justiça social após a morte, em maio de 2020, de George Floyd, um afro-americano que tinha estado sob custódia policial.
- Em novembro de 2020, Kamala Harris tornou-se a primeira mulher negra a ser eleita a 49ª vice-presidente dos Estados Unidos (2021 -) na administração democrática do Pres. Joe Biden.

---

1. Se você pudesse mudar qualquer coisa no mundo, o que seria e por quê?
2. Quem são algumas de suas mulheres poderosas favoritas na história e o que as faz tão especiais para você?
3. Há alguém no mundo real que o inspira? O que eles fizeram que causou um impacto em sua vida hoje?

Serena Williams (nascida em 1981)

"Tenho sorte de que qualquer medo que eu tenha dentro de mim, meu desejo de vencer é sempre mais forte. "

Serena Williams foi uma força dominante em seu esporte no início do século 21. Possuidora de um forte forehand, um serviço rápido, agressivo e um soberbo atletismo, Williams revolucionou o jogo profissional feminino com seu poderoso estilo de jogo.

Serena Williams nasceu em 26 de setembro de 1981, em Saginaw, Michigan. Ela e sua irmã mais velha Venus foram apresentadas ao tênis aos 4 anos por seu pai, Richard, cujo objetivo declarado era criá-las para serem campeãs. A improvável ascensão das irmãs começou em quadras públicas de má qualidade em Los Angeles, Califórnia. Ambas as meninas jogaram partidas de exibição contra os principais profissionais antes de chegarem à adolescência. Em 1991 a família se mudou para a Flórida, onde as irmãs se matricularam em uma academia de tênis.

A estreia profissional de Serena Williams aconteceu em 1995. Dois anos mais tarde, em apenas seu quinto torneio profissional, ela elevou Mary Pierce, sétima colocada, e Monica Seles, quarta colocada, para chegar às semifinais da Copa Ameritech em Chicago. No número 304, Williams foi a jogadora com a classificação mais baixa de todos os tempos, tendo vencido dois dos dez melhores jogadores no mesmo torneio. Após a competição, seu ranking mundial de solteiros subiu para 102.

As expectativas para Serena Williams começaram a crescer rapidamente. Seu pai fez declarações ousadas à mídia sobre suas talentosas filhas, que assinaram ambos acordos multimilionários de endosso. Menos de um ano depois, em junho de 1998, ela alcançou os 20 primeiros lugares. Em abril de 1999 - após ter derrotado Amelie Mauresmo para vencer o Paris Indoor Open, Steffi Graf para vencer o torneio de mestres do Indian Wells e Martina Hingis nas semifinais do Lipton Championship-Williams quebrou os dez primeiros no número nove.

O campeão de 17 anos alcançou o top cinco no número quatro após vencer o Aberto dos EUA no final daquele ano. Como sétima semente do torneio, Serena Williams foi a mulher com menos sementes a ganhar o título do Aberto dos Estados Unidos desde o início da era aberta em 1968. Williams foi a segunda mulher afro-americana a ganhar um Grand Slam, após as vitórias de Althea Gibson em 1957-58.

Serena Williams conquistou mais três títulos do Grand Slam em 2002, ganhando o Open da França, Wimbledon e o Open dos EUA e derrotando Vênus nas finais de cada torneio. Embora Serena tivesse terminado as temporadas 2000 e 2001 em sexto lugar, após sua vitória no Aberto da França em 2002 ela subiu para o número dois, atrás apenas de Vênus. As irmãs Williams foram as primeiras irmãs a ocupar os dois primeiros lugares no ranking mundial ao mesmo tempo.

Em 8 de julho de 2002, após conquistar o título de Wimbledon, Serena Williams superou a Vênus no ranking para o primeiro lugar. Em 2003, ela venceu o Australian Open e Wimbledon, novamente superando sua irmã na final. Serena Williams venceu o Aberto da Austrália mais seis vezes (2005, 2007, 2009, 2010, 2015, 2017) e conquistou o título do Aberto dos EUA pela terceira vez em 2008.

Em 2009, Serena Williams conquistou seu terceiro título de solteira de Wimbledon, mais uma vez derrotando sua irmã, e defendeu com sucesso o título em 2010. Serena posteriormente lutou contra vários problemas de saúde que a mantiveram fora da quadra por quase um ano. Em 2012, ela ganhou seu quinto título de solteira de Wimbledon e quarto título do U.S. Open. Em 2013, Serena ganhou seu segundo campeonato de solteiros do Aberto da França e seu quinto título do Aberto dos EUA. Ela defendeu com sucesso seu campeonato de solteiros do Aberto dos EUA em 2014, o que lhe deu 18 títulos de Grand Slam em sua carreira, amarrando-a com Chris Evert e Martina Navratilova pelo segundo maior total de solteiros femininos da era aberta.

Além de ganhar o Aberto da Austrália em 2015, Serena Williams ganhou seu terceiro Aberto da França e sexto Wimbledon naquele ano. Ela ganhou novamente Wimbledon em 2016 para aumentar seu número de títulos de solteira na carreira Grand Slam para 22, o que a empatou com Graf para o maior número de Slams na era aberta, tanto para mulheres quanto para homens. Em 2017, ela ganhou seu 23º título recorde de solteira no Grand Slam com uma vitória sobre sua irmã nas finais do Aberto da Austrália. Em abril daquele ano, Serena Williams anunciou que estava grávida (ela havia se engajado em 2016) e que perderia o restante da temporada de 2017. Apenas 10 meses depois de dar à luz uma filha, ela chegou às finais de Wimbledon em julho de 2018, mas perdeu a partida para Angelique Kerber.

As irmãs Williams bateram recordes também como uma formidável dupla equipe. Nos Jogos Olímpicos de 2000 em Sydney, Austrália, sua retumbante vitória por 6-1, 6-1 sobre a equipe holandesa fez delas as primeiras irmãs a ganhar uma medalha de ouro em competição de duplas. As irmãs ganharam novamente o ouro no evento de duplas nos Jogos de

2008 em Pequim, China, e nos Jogos de 2012 em Londres, Inglaterra, onde Serena Williams também conquistou a medalha de ouro solteira.

Além disso, as irmãs conquistaram títulos duplos em todos os quatro torneios do Grand Slam - o Open dos EUA em 1999 e 2009, o Open da França em 1999 e 2010, Wimbledon em 2000, 2002, 2008, 2009 e 2012, e o Open da Austrália em 2001, 2003, 2009 e 2010.

Destaques

- Serena Williams é uma tenista americana que revolucionou o tênis feminino com seu poderoso estilo de jogo e que ganhou mais títulos de solteira no Grand Slam (23) do que qualquer outra mulher ou homem durante a era aberta.
- Serena Williams aprendeu tênis com seu pai nas quadras públicas de Los Angeles e se profissionalizou em 1995, um ano depois de sua irmã Vênus.
- Serena Williams bateu o recorde de Graf no Aberto da Austrália de 2017, onde derrotou sua irmã Vênus na final.
- Em abril daquele ano, Williams anunciou que ela estava grávida (ela havia se comprometido com Alexis Ohanian, cofundador do site Reddit, em dezembro de 2016) e que perderia o restante da temporada de 2017.

Questões de pesquisa

---

1. Há uma mulher que você sente que não foi apreciada ou que não lhe foi dado crédito suficiente pelo bom trabalho que eles fazem? Por que e o que elas fizeram?
2. Qual mulher você diria que teve um impacto em seu sucesso, ou em quem você se inspirou para chegar onde você está hoje?
3. O que devemos ensinar às meninas em todo o mundo sobre os direitos e a representação feminina na sociedade?

Sally Ride (1951-2012)

astronauta americano

Em 1983, a astronauta Sally Ride se tornou a primeira mulher americana a viajar para o espaço. Apenas duas outras mulheres a precederam no espaço: Valentina Tereshkova (em 1963) e Svetlana Savitskaya (em 1982), ambas da antiga União Soviética.

Sally Kristen Ride nasceu em 26 de maio de 1951, em Encino, Califórnia. Sally Ride mostrou grande promessa como tenista, mas acabou desistindo de seus planos de jogar profissionalmente e freqüentou a Universidade de Stanford.

Sally Ride se formou em 1973 com bacharelado em inglês e física. Em 1978, como doutoranda e assistente de ensino em física laser em Stanford, ela foi selecionada pela Administração Nacional de Aeronáutica e Espaço (NASA) como uma das seis mulheres candidatas a astronauta.

Sally Ride recebeu um Ph.D. em astrofísica e iniciou seus cursos de treinamento e avaliação no mesmo ano. Em agosto de 1979, ela completou seu treinamento na NASA, obteve uma licença de piloto e se tornou elegível para ser designada como especialista em missões de ônibus espacial dos EUA.

Em 18 de junho de 1983, Sally Ride se tornou a primeira mulher americana no espaço enquanto entrava em órbita a bordo do ônibus espacial *Challenger*. A missão do vaivém durou seis dias, durante os quais ela ajudou a implantar dois satélites de comunicações e a realizar uma variedade de experimentos.

A cavalgada serviu em uma segunda missão espacial a bordo do *Challenger,* em outubro de 1984. A tripulação incluía outra mulher, a amiga de infância da Ride, Kathryn Sullivan, que se tornou a primeira mulher americana a caminhar no espaço.

A Ride estava treinando para uma terceira missão de vaivém quando o *Challenger* explodiu após o lançamento em janeiro de 1986, uma catástrofe que fez com que a NASA suspendesse os voos de vaivém por mais de dois anos. Sally Ride serviu na comissão presidencial designada para investigar o acidente. Sally Ride repetiu esse papel como membro da comissão que investigou a ruptura do vaivém *Columbia* em fevereiro de 2003.

Sally Ride renunciou à NASA em 1987, e em 1989 tornou-se professora de física na Universidade da Califórnia, San Diego, e diretora de seu Instituto Espacial da Califórnia (até 1996). Em 1999-2000 ela ocupou cargos executivos no Space.com, um site na Internet que apresenta conteúdo espacial, astronômico e tecnológico.

A partir dos anos 90, Sally Ride iniciou ou dirigiu uma série de programas e organizações dedicadas a promover a ciência na educação, particularmente para dar apoio às alunas interessadas em ciência, matemática ou tecnologia.

Sally Ride também escreveu ou colaborou em vários livros infantis sobre exploração espacial e suas experiências pessoais como astronauta. Ela morreu em La Jolla, Califórnia, em 23 de julho de 2012. Em 2013, Sally

Ride foi condecorada postumamente com a Medalha Presidencial da
Liberdade.

Destaques

- Sally Ride mostrou grande promessa como tenista, mas acabou
  desistindo de seus planos de jogar profissionalmente e
  freqüentou a Universidade de Stanford, onde se formou em Inglês
  e Física (1973).
- Em 1978, como doutoranda e assistente de ensino em física laser
  em Stanford, ela foi selecionada pela Administração Nacional de
  Aeronáutica e Espaço (NASA) como uma das seis mulheres
  candidatas a astronauta.
- Sally Ride recebeu um Ph.D. em astrofísica e iniciou seus cursos
  de treinamento e avaliação no mesmo ano.
- Em 18 de junho de 1983, Ride se tornou a primeira mulher
  americana no espaço enquanto entrava em órbita a bordo do
  vaivém Challenger.

Questões de pesquisa

---

1. Como poderia ser a igualdade de gênero em seu país (ou na vida
   atual)?
2. Quem é um lembrete da vida real, para você, de como o
   feminismo realmente é, porque eles o estão vivendo através de
   suas palavras ou ações?
3. Qual foi o discurso inspirador mais inspirador que você já ouviu?

Audrey Hepburn (1929-1993)

Atriz americana

A atriz britânica de origem belga Audrey Hepburn iluminou a tela e criou papéis cinematográficos inesquecíveis com sofisticação e glamour. Ela também foi reconhecida em anos posteriores como uma incansável embaixadora da boa vontade do Fundo das Nações Unidas para a Infância (UNICEF). Audrey Hepburn foi uma das principais defensoras das crianças nos países em desenvolvimento.

Hepburn nasceu Audrey Kathleen Ruston, em 4 de maio de 1929, em Bruxelas, Bélgica. Seus pais eram a baronesa holandesa Ella Van Heemstra e Joseph Victor Anthony Ruston. Seu pai adotou mais tarde o sobrenome Hepburn-Ruston. Ele acreditava ser descendente de James Hepburn, quarto conde de Bothwell (um nobre escocês e terceiro marido de Maria, rainha dos escoceses). Audrey teve cidadania britânica através de seu pai e freqüentou a escola na Inglaterra quando criança. Seu pai deixou a família quando Audrey Hepburn tinha seis anos de idade.

Em 1939, no início da Segunda Guerra Mundial, sua mãe mudou Audrey para a Holanda. Ela pensava que o país neutro seria mais seguro do que a Inglaterra. Durante toda a guerra, Audrey passou por dificuldades na Holanda ocupada pelos nazistas.

No entanto, Audrey Hepburn ainda conseguiu freqüentar a escola e ter aulas de balé. Durante este tempo, sua mãe mudou temporariamente o nome de Audrey para Edda Van Heemstra. Ela estava preocupada que o nome de nascimento de Audrey revelasse sua herança britânica. Após a guerra, Audrey continuou a estudar balé em Amsterdã e em Londres, Inglaterra.

Durante seus 20 anos de idade, Audrey Hepburn estudou atuação e trabalhou como modelo e bailarina. Hepburn também começou a conseguir alguns pequenos papéis no cinema, creditados como Audrey Hepburn.

Ao fazer um filme em Monte-Carlo, Mônaco, Audrey Hepburn conheceu a romancista francesa Colette. Colette insistiu que a estrela de Hepburn na Broadway em uma adaptação de sua novela Gigi (1944) em 1951. Apesar de sua inexperiência, Hepburn ganhou críticas de rave.

Seu grande avanço no cinema veio com o filme americano Roman Holiday (1953). Audrey Hepburn encantou o público com seu retrato de uma princesa de alta espiritualidade que se apaixona por um jornalista, retratado por Gregory Peck. O desempenho de Hepburn lhe rendeu um Oscar de melhor atriz. Seu corte de cabelo e sua indumentária de túmulo criaram uma fúria fashion, a primeira de muitas tendências do conjunto Hepburn.

Em 1954 Audrey Hepburn ganhou um prêmio Tony por seu desempenho em Ondine. Ela estrelou em frente a Mel Ferrer, com quem se casaria mais tarde naquele ano. Embora Hepburn não tenha retornado à Broadway, ela continuou encantando os frequentadores de cinema em comédias românticas leves. Estas incluíam Sabrina (1954), na qual Hepburn apareceu como filha de um motorista romanticamente ligada a William Holden e Humphrey Bogart.

Outro foi Funny Face (1957), no qual Hepburn retratou um balconista de livraria transformado em modelo de moda. Durante este tempo, Hepburn também estrelou em grandes quadros dramáticos como Guerra e Paz (1956) e A História da Freira (1959).

Nos anos 60, Audrey Hepburn tinha começado a interpretar personagens mais sofisticados e mundanos. Em um de seus papéis mais célebres, Hepburn apareceu como a encantadora Holly Golightly in Breakfast at Tiffany's (1961). Além disso, ela fez The Children's Hour (1961), Charade (1963), My Fair Lady (1964), e Two for the Road e Wait Until Dark (ambos de 1967). Ela recebeu indicações ao Oscar para Sabrina, The Nun's Story, Breakfast at Tiffany's, e Wait Until Dark.

Audrey Hepburn se divorciou de Ferrer em 1968 e se casou com uma proeminente psiquiatra italiana. Posteriormente, ela se aposentou em sua maioria, optando por se concentrar em sua família em vez de sua carreira. Hepburn saiu da aposentadoria para estrelar em Robin e Marian (1976) e posteriormente apareceu em mais alguns filmes. Sua última aparição foi como um anjo em Sempre (1989).

Em 1988, Audrey Hepburn iniciou uma nova carreira como embaixadora especial de boa vontade para a UNICEF. Ela se dedicou ao trabalho humanitário, visitando aldeias atingidas pela fome na América Latina, África e Ásia. Em 1993, a Academia de Artes e Ciências Cinematográficas lhe concedeu o Prêmio Humanitário Jean Hersholt.

Audrey Hepburn morreu em 20 de janeiro de 1993, em Tolochenaz, Suíça, antes que ela pudesse aceitar oficialmente o prêmio. O filho de Audrey Hepburn o aceitou em seu nome.

Destaques

- Embora nascida na Bélgica, Audrey teve cidadania britânica através de seu pai e freqüentou a escola na Inglaterra quando criança.
- Nos anos 60, Hepburn tinha superado sua imagem ingênua e começou a interpretar personagens mais sofisticados e mundanos, embora muitas vezes ainda vulneráveis, incluindo a efervescente e misteriosa Holly Golightly in Breakfast at Tiffany's (1961), uma adaptação da novela de Truman Capote; uma jovem viúva chique apanhada em uma charada de suspense (1963),

custando Cary Grant; e uma mulher de espírito livre envolvida em um casamento difícil em Two for the Road (1967).

- O papel mais controverso de Audrey Hepburn talvez tenha sido o de Eliza Doolittle no filme musical My Fair Lady (1964).

- Depois de aparecer no thriller Wait Until Dark (1967), Hepburn entrou na semi-aposentadoria. Ela só voltou a atuar em 1976, quando se tornou uma personagem da história de amor nostálgica de Robin e Marian.

---

1. Quem você acha que tem o poder de mudar a sociedade para melhor com sua capacidade de alcançar, inspirar e capacitar os outros através de seu trabalho ou ações?

2. Por que é importante perceber como a capacitação das mulheres pode ser para a sociedade como um todo, em vez de se concentrar apenas nas lutas individuais dentro de um sistema patriarcal?

3. Você acha que não há problema para as meninas usarem maquiagem pela primeira vez como alunas do ensino médio ou adolescentes mais velhas, ou elas devem esperar pelo menos até depois de seu primeiro ano de faculdade?

Shirin Ebadi (nascida em 1947)

A primeira mulher muçulmana e iraniana a receber o Prêmio Nobel

"Mantenho que nada útil e duradouro pode emergir da violência".

A advogada, escritora e professora iraniana Shirin Ebadi recebeu o Prêmio Nobel da Paz em 2003 por seus esforços para promover a democracia e os direitos humanos, especialmente os das mulheres e crianças no Irã. Ebadi foi a primeira mulher muçulmana e a primeira iraniana a receber o prêmio.

Shirin Ebadi nasceu em 21 de junho de 1947, em Hamadan, Irã, mas foi criada em Teerã. Ela se formou em Direito pela Universidade de Teerã em 1969. Nesse mesmo ano, Ebadi iniciou um aprendizado no Departamento de Justiça e se tornou uma das primeiras mulheres juízas no Irã. Shirin Ebadi também obteve o doutorado em direito privado pela Universidade de Teerã em 1971. De 1975 a 1979, ela foi chefe do tribunal da cidade de Teerã.

Depois que revolucionários islâmicos militantes assumiram o controle do Irã em 1979, os papéis das mulheres foram limitados. Ebadi e suas colegas de trabalho foram proibidas de servir como juízas e, em vez disso, foram dadas funções de escriturárias. Quando se pronunciaram contra seu tratamento, foram-lhes atribuídos papéis mais elevados dentro do Departamento de Justiça, mas não recuperaram seus cargos anteriores. Ela se demitiu em protesto.

Shirin Ebadi tentou então praticar a lei, mas, sob as mesmas políticas restritivas, foi-lhe negada uma licença. Isso mudou em 1992, quando ela ganhou uma licença e iniciou sua própria prática de advocacia. Nesta capacidade, ela defendeu mulheres e dissidentes, representando muitas pessoas que haviam entrado em oposição com o governo iraniano. Em 2000, ela foi considerada culpada de "perturbar a opinião pública" depois que distribuiu provas que implicavam funcionários do governo nos assassinatos de estudantes na Universidade de Teerã, em 1999. Shirin Ebadi recebeu inicialmente uma pena de prisão, impedida de praticar a lei por cinco anos, e multada, embora sua sentença tenha sido posteriormente suspensa.

Shirin Ebadi ajudou a fundar o Centro de Defensores dos Direitos Humanos em 2001. O centro foi fechado pelo governo em 2008. Mais tarde naquele ano, seus escritórios de advocacia foram invadidos e em 2009 ela foi para o exílio no Reino Unido. No entanto, Ebadi continuou a agitar por reformas no Irã.

Shirin Ebadi escreveu numerosos livros sobre o tema dos direitos humanos, incluindo Os Direitos da Criança: A Study on Legal Aspects of Children's Rights in Iran (1994), History and Documentation of Human Rights in Iran (2000), e The Rights of Women (2002). Ebadi também foi fundador e chefe da Associação de Apoio aos Direitos da Criança no Irã. Ebadi refletiu sobre suas próprias experiências em trabalhos posteriores como Until We Are Free: Minha Luta pelos Direitos Humanos no Irã (2016).

Destaques

- Enquanto exercia a função de juíza, Shirin Ebadi também obteve o doutorado em direito privado pela Universidade de Tehrān (1971).
- Após a revolução de 1978-1979 e o estabelecimento de uma república islâmica, as mulheres foram consideradas impróprias para servir como juízes porque os novos líderes acreditavam que o Islã o proibia.
- Ebadi escreveu uma série de livros sobre o tema dos direitos humanos, incluindo The Rights of the Child: A Study of Legal Aspects of Children's Rights in Iran (1994), History and Documentation of Human Rights in Iran (2000), e The Rights of Women (2002).
- Shirin Ebadi refletiu sobre suas próprias experiências no Despertar do Irã: From Prison to Peace Prize, One Woman's Struggle at the Crossroads (2006; com Azadeh Moaveni; também publicado como Iran Awakening: A Memoir of Revolution and Hope) e Até que sejamos livres: Minha Luta pelos Direitos Humanos no Irã (2016).

Questões de pesquisa

---

1. O que o inspira sobre sua jornada e suas conquistas?
2. Se você quisesse saber mais sobre o Irã ou sobre política, por onde você começaria?
3. Quem é sua política feminina favorita?

Wilma Rudolph (1940-1994)

Atleta americano

"Acreditem, a recompensa não é tão grande sem a luta".

Ninguém que conhecesse Wilma Rudolph durante sua infância teria adivinhado que ela cresceria e se tornaria uma superestrela das pistas e do campo. Uma série de doenças no início da vida a deixou sem o uso de uma perna, e apenas exercícios e cuidados constantes a permitiram finalmente caminhar quando ela tinha oito anos.

Wilma Rudolph continuou, no entanto, a se destacar no esporte no ensino médio e na faculdade, e em 1960 Wilma Rudolph se tornou a primeira corredora americana a ganhar três medalhas de ouro em uma única Olimpíada.

Wilma Glodean Rudolph nasceu prematuramente em 23 de junho de 1940, em St. Bethlehem, Tennessee. Rudolph foi o 20º de 22 filhos que seu pai teve entre dois casamentos.

Wilma Rudolph passou a maior parte de sua infância sofrendo de pneumonia, escarlatina e poliomielite. Rudolph odiava os suportes metálicos para as pernas que ela precisava usar e ansiava por se mover como outras crianças. Com a ajuda de sua família para massajar sua perna aleijada e levá-la à fisioterapia, Wilma Rudolph trocou seu aparelho por sapatos especiais. Mais tarde, Rudolph conseguiu se livrar deles também.

Durante o ensino médio, Wilma Rudolph se tornou uma estrela do basquetebol e corredora. Aos 14 anos de idade, ela atraiu a atenção de um treinador de pista da Universidade Estadual do Tennessee, em Nashville, a escola da qual ela se formou mais tarde (1963).

Wilma Rudolph trabalhou com ele durante os verões para melhorar suas habilidades de sprint. Aos 16 anos, Rudolph viajou para Melbourne, Austrália, para as Olimpíadas de Verão de 1956 e recebeu uma medalha de bronze como membro da equipe de revezamento 4x100 metros.

Wilma Rudolph foi a campeã da União Atlética Amadora (AAU) de 100 jardas de 1959 a 1962. Em 1960, antes dos Jogos Olímpicos de Roma, ela estabeleceu um recorde mundial de 22,9 segundos para a prova de 200 metros.

Nos próprios Jogos, Rudolph ganhou medalhas de ouro nos 100 metros (amarrando o recorde mundial de 11,3 segundos nas semifinais), nos 200 metros (correndo o calor de abertura em 23,2 segundos para bater o recorde olímpico), e no revezamento 4x100 metros (ancorando a equipe a um novo recorde mundial de 44,4 segundos em uma corrida semifinal). A AAU entregou a Rudolph seu Prêmio Sullivan em 1961 como o melhor atleta amador do ano.

Sentindo que Wilma Rudolph poderia não ser capaz de alcançar o mesmo nível de sucesso, ela se recusou a participar dos Jogos Olímpicos de 1964. Após se aposentar como corredora, Rudolph ensinou, treinou, fez discursos motivacionais e se tornou mãe.

Wilma Rudolph trabalhou na Operação Campeã para fornecer às crianças e adolescentes das áreas internas da cidade treinamento esportivo de atletas estrelas. Ela também fundou a Fundação Wilma Rudolph para promover o atletismo amador e incentivar as crianças a superar os obstáculos.

Wilma Rudolph foi nomeada para o Hall da Fama Nacional de Atletismo em 1974, para o Hall da Fama Internacional de Esportes em 1980 e para o Hall da Fama Olímpico dos Estados Unidos em 1983. Sua autobiografia, *Wilma,* foi publicada em 1977 e foi transformada num filme de televisão nesse mesmo ano. Wilma Rudolph morreu de câncer cerebral em 12 de novembro de 1994, em Brentwood, Tennessee.

Destaques

- Wilma Rudolph era doente quando criança e não podia andar sem um sapato ortopédico até os 11 anos de idade.
- Sua determinação em competir, no entanto, a tornou uma estrela do basquete e velocista durante o ensino médio em Clarksville, Tennessee.
- Aos 16 anos Wilma Rudolph competiu nos Jogos Olímpicos de Melbourne, Austrália, em 1956, ganhando uma medalha de bronze na corrida de revezamento de 4 × 100 metros.
- Em 1960, antes dos Jogos Olímpicos de Roma, ela estabeleceu um recorde mundial de 22,9 segundos para a prova de 200 metros. Nos próprios Jogos ela ganhou medalhas de ouro na corrida de 100 metros (empatando o recorde mundial: 11,3 segundos), na corrida de 200 metros, e como membro da equipe de revezamento 4 × 100 metros, que havia estabelecido um recorde mundial de 44,4 segundos em uma corrida semifinal.

---

1. Quais são as citações mais influentes e fortalecedoras que as mulheres têm dito?
2. Como a mídia social ajudou a capacitar e inspirar as mulheres?

3. O que significam para você os títulos de "influente", "habilitado" e
    "inspirador"?

41

Gloria Steinem (nascida em 1934)

Feminista americana, ativista política e editora

"A arte da vida não é controlar o que nos acontece, mas usar o que nos acontece".

Gloria Steinem foi uma defensora do movimento de libertação das mulheres durante o final do século 20. Steinem foi a fundadora da revista *Ms.*, através da qual ela esperava explorar as questões atuais a partir de uma perspectiva feminista.

Gloria Steinem nasceu em 25 de março de 1934, em Toledo, Ohio. Quando era jovem, ela viajou com seus pais em um trailer de casa. O casal se divorciou em 1946 e Gloria se estabeleceu com sua mãe em Toledo.

Pela primeira vez, Gloria Steinem pôde freqüentar a escola regularmente. Ela também foi responsável por cuidar de sua mãe cronicamente deprimida. Durante o último ano do ensino médio de Steinem, ela se mudou para Washington, D.C., para morar com sua irmã mais velha.

Gloria Steinem se formou no Smith College em 1956 e foi para a Índia com uma bolsa de estudos. Lá ela participou de protestos não violentos contra a política do governo. De volta aos Estados Unidos, ela começou a trabalhar como escritora e jornalista na cidade de Nova York em 1960.

Seu artigo de 1963 "Eu era um coelhinho da Playboy", que relatou sua experiência como garçonete no Playboy Club de Hugh Hefner, trouxe sua notoriedade imediata. Alguns anos depois, o trabalho de Steinem se tornou mais político, e Steinem começou a escrever uma coluna, "The City Politic", para a revista *New York.* Após assistir a uma reunião de um grupo feminista radical, o Redstockings, em 1968, seu envolvimento com o feminismo se fortaleceu.

Como resultado, Gloria Steinem fundou a National Women's Political Caucus, uma organização dedicada a promover as mulheres na política, em julho de 1971 com Betty Friedan, Bella Abzug, e Shirley Chisholm. Nesse mesmo ano ela começou a desenvolver a revista *Ms.*, que apareceu pela primeira vez como um encarte na edição de dezembro de *Nova York*.

Durante o final dos anos 70 e 80, Gloria Steinem tornou-se a porta-voz do movimento de libertação das mulheres. Ela ajudou a fundar a Coalizão de Mulheres Sindicais, Eleitoras por Escolha e Mulheres Contra a Pornografia.

Os livros de Gloria Steinem incluem *Atos ultrajantes e rebeliões diárias* (1983), *Revolução a partir de dentro* (1992), e *Movendo-se além das palavras* (1994). Ela foi agraciada com a Medalha Presidencial da Liberdade em 2013.

Destaques

- Gloria Steinem, em plena Gloria Marie Steinem, passou seus primeiros anos viajando com seus pais em um trailer da casa.
- Após graduar-se no Smith College em 1956, Steinem foi para a Índia com uma bolsa de estudos, onde participou de protestos não violentos contra a política do governo.
- Em 1960 Gloria Steinem começou a trabalhar como escritora e jornalista na cidade de Nova York. Ela ganhou atenção em 1963 com seu artigo "I Was a Playboy Bunny", que contava sua experiência como garçonete pouco vestida no Playboy Club de Hugh Hefner.

- Ela participou da fundação da Coalizão de Mulheres Sindicais, Eleitoras por Escolha, Mulheres Contra a Pornografia, e do Centro de Mídia Feminina.
- Em 2013, Steinem recebeu a Medalha Presidencial da Liberdade.

---

1. Qual é a sua opinião sobre as mulheres poderosas?
2. Você é uma feminista? Se sim, como você se descreveria como uma feminista?
3. As lutas das mulheres poderosas e/ou feministas também refletem as questões da mulher em geral hoje em dia?

Vigdís Finnbogadóttir (nascido em 1930)

A primeira mulher que foi eleita democraticamente como presidente

A primeira mulher no mundo a ser eleita Chefe de Estado em uma eleição nacional foi Vigdís Finnbogadóttir. (A primeira mulher a ser eleita chefe de governo no mundo foi Sirimavo Bandaranaike, do Sri Lanka).

Vigdís Finnbogadótti serviu como presidente da Islândia de 1980 a 1996. Embora a presidência islandesa seja em grande parte uma posição cerimonial, Finnbogadótti assumiu um papel ativo na promoção do país como um embaixador cultural. Ela desfrutou de grande popularidade.

Vigdís Finnbogadótti nasceu em 15 de abril de 1930, em Reykjavík, Islândia, em uma família rica e bem ligada. Sua mãe presidiu a associação nacional de enfermeiras da Islândia, e seu pai era engenheiro civil. Após graduar-se no Reykjavík College em 1949, Finnbogadóttir freqüentou a Universidade de Grenoble e a Sorbonne na França e a Universidade de Uppsala na Suécia. Ela também estudou na Dinamarca e na Universidade da Islândia, onde Finnbogadótti mais tarde ensinou francês, teatro e história teatral.

De 1972 a 1980 Vigdís Finnbogadótti atuou como diretor da Reykjavík Theater Company (Leikfélag Reykjavíkur) e participou de um grupo teatral experimental. Durante esse período, ela apresentou aulas de francês e programação cultural na Televisão Estatal da Islândia. Esse papel aumentou sua reputação nacional e sua popularidade.

Durante a temporada turística de verão, Vigdís Finnbogadótti também serviu como guia e tradutor para o Bureau de Turismo da Islândia. Finnbogadótti tornou-se membro do Comitê Consultivo para Assuntos Culturais nos Países Nórdicos em 1976 e foi eleito seu presidente em 1978.

Apesar de ser uma mãe solteira divorciada, Vigdís Finnbogadótti foi escolhido em 1980 para ser um candidato à presidência da Islândia. Finnbogadótti foi eleito por pouco, com 33,6% dos votos nacionais, mais de três oponentes masculinos. Ela foi reeleita presidente três vezes - em 1984, 1988 e 1992 - antes de se aposentar da política, em 1996.

Em 1996 Vigdís Finnbogadótti tornou-se presidente fundador do Conselho de Mulheres Líderes Mundiais na John F. Kennedy School of Government da Universidade de Harvard, em Cambridge, Massachusetts. Dois anos depois ela foi nomeada presidente da Comissão Mundial de Ética do Conhecimento Científico e Tecnologia da Organização das Nações Unidas para a Educação, Ciência e Cultura (UNESCO).

Destaques

- Vigdís Finnbogadóttir nasceu em uma família rica e bem ligada. Sua mãe presidiu a associação nacional de enfermeiras da Islândia, e seu pai era engenheiro civil.
- De 1972 a 1980 Vigdís Finnbogadóttir atuou como diretor da Companhia de Teatro Reykjavík (Leikfélag Reykjavíkur) e participou de um grupo de teatro experimental.
- Vigdís Finnbogadóttir tornou-se membro do Comitê Consultivo para Assuntos Culturais nos Países Nórdicos em 1976 e foi eleito seu presidente em 1978.

- Embora a presidência islandesa seja em grande parte uma posição cerimonial, Finnbogadóttir assumiu um papel ativo na promoção do país como embaixador cultural e desfrutou de grande popularidade.

---

1. Como você acha que a experiência dela no cargo como uma mulher carismática e progressista foi diferente da de outros presidentes?
2. Quais foram as maiores realizações que ela fez como presidente?

Sandra Day O'Connor (nascida em 1930)

Juiz da Suprema Corte dos Estados Unidos

"Faça o melhor que puder em cada tarefa, não importa o quão insignificante possa parecer no momento. Ninguém aprende mais sobre um problema do que a pessoa no fundo".

A primeira mulher a ser nomeada juíza associada da Suprema Corte dos Estados Unidos, Sandra Day O'Connor serviu de 1981 até sua aposentadoria em 2006. Uma conservadora moderada, ela era conhecida por suas opiniões cuidadosamente pesquisadas.

Sandra Day nasceu em 26 de março de 1930, em El Paso, Tex., mas cresceu em um grande rancho familiar perto de Duncan, Arizona. O'Connor cursou a Universidade de Stanford, recebendo uma graduação em 1950 e um diploma de Direito em 1952. Ao se formar, casou-se com um colega de classe, John Jay O'Connor III.

Embora Sandra Day O'Connor fosse altamente qualificada, ela não conseguiu encontrar emprego em um escritório de advocacia porque era uma mulher. Após um breve mandato como promotora distrital adjunta no condado de San Mateo na Califórnia, O'Connor e seu marido, membro do Corpo de Advogados Gerais do Exército dos EUA, mudaram-se para a Alemanha, onde atuou como promotora civil do exército de 1954 a 1957.

Quando Sandra Day O'Connor retornou aos Estados Unidos, ela entrou em consultório particular em Maryville, Arizona, tornando-se procuradora geral assistente do estado de 1965 a 1969. Posteriormente, ela serviu como membro republicano do Senado estadual de 1969 a 1974 e acabou se tornando a primeira líder da maioria feminina.

Em 1974 Sandra Day O'Connor foi eleita juíza do Tribunal Superior do condado de Maricopa, e cinco anos mais tarde foi nomeada para o Tribunal de Apelação do Arizona em Phoenix. O Presidente Ronald Reagan a nomeou em julho de 1981 para preencher a vaga deixada na Suprema Corte pela aposentadoria do Juiz Potter Stewart. Ela foi confirmada por unanimidade pelo Senado e foi empossada como a primeira juíza feminina em setembro.

Sandra Day O'Connor rapidamente se tornou conhecida por sua abordagem prática e foi considerada um voto decisivo nas decisões da Suprema Corte. Em campos tão diferentes como a lei eleitoral e o direito ao aborto, O'Connor tentou criar soluções viáveis para as principais questões constitucionais, muitas vezes ao longo de vários casos.

Ela se aposentou da Suprema Corte em 2006 e foi substituída por Samuel A. Alito, Jr. Em 2009 Sandra Day O'Connor recebeu a Medalha da Liberdade do Presidente dos Estados Unidos.

Destaques

- Sandra Day O'Connor foi a primeira mulher a servir na Suprema Corte.
- Em uma série de decisões, O'Connor sinalizou uma relutância em apoiar qualquer decisão que negasse às mulheres o direito de escolher um aborto seguro e legal.
- Através de sua administração em Planned Parenthood of Southeastern Pennsylvania v. Casey (1992), a Corte reformulou sua posição sobre o direito ao aborto.

1. Como você se sente sobre o feminismo e seu papel no mundo de hoje?
2. As mulheres estão sendo representadas de uma maneira positiva em sua mídia (local)?
3. Existe alguma mulher que você aspira ser mais do que outra?

Althea Gibson (1927-2003)

Jogador de tênis americano

"Eu estava nervoso e confiante ao mesmo tempo,
nervoso em ir lá fora na frente de todas aquelas
pessoas, com tanto em jogo, e confiante de que eu iria
lá fora e ganharia. "

O primeiro tenista afro-americano de classe mundial foi Althea Gibson. Em 1950 ela quebrou a barreira da cor no tênis ao se tornar a primeira atleta negra a jogar no campeonato nacional de tênis dos Estados Unidos.

Althea Gibson foi a melhor jogadora do esporte no final dos anos 50, ganhando cinco eventos para solteiros do Grand Slam. Ao longo de sua carreira, ela venceu mais de 50 outros torneios. Com quase 1,80 m de altura, Gibson teve um alcance impressionante e prestou um serviço forte e intimidador.

Althea Gibson nasceu em 25 de agosto de 1927, em Silver, na Carolina do Sul. Gibson cresceu na seção Harlem da cidade de Nova York, onde aprendeu a jogar tênis de remo aos nove anos de idade em um programa recreativo organizado pela Police Athletic League. Mais tarde, um dos treinadores a ensinou a jogar tênis, e ela começou a treinar e a vencer partidas no Cosmopolitan Tennis Club do Harlem.

Em 1947 Althea Gibson ganhou o primeiro de seus 10 títulos nacionais consecutivos de mulher negra. Ela continuou jogando em torneios nacionais enquanto freqüentava a Universidade Agrícola e Mecânica da Flórida em Tallahassee, onde também jogou no time de basquete da escola.

No início, Althea Gibson jogou em torneios patrocinados pela Associação Americana de Tênis, uma organização fundada para jogadores afro-americanos como uma alternativa à Associação Americana de Tênis de Grama (USLTA). Gibson começou a competir nos jogos da USLTA em 1949 e ganhou o Campeonato do Leste Indoor dessa associação em 1950. Mas muitos dos principais torneios foram realizados em clubes de tênis totalmente brancos.

Depois de alguma pressão pública, em 1950 Althea Gibson tornou-se o primeiro atleta negro a ser convidado para o campeonato nacional de gramados dos EUA, o precursor do Aberto dos EUA, em Forest Hills, em Queens, Nova York. Em 1951, ela se tornou a primeira afro-americana a jogar em Wimbledon. No ano seguinte, Gibson classificou-se pela primeira vez entre as 10 melhores jogadoras de tênis feminino do mundo.

O jogo de Althea Gibson estagnou em meados dos anos 50, mas foi revigorado quando ela participou de uma excursão de tênis de boa vontade do Departamento de Estado dos EUA para a Ásia. Ela ganhou uma série de torneios lá e na Europa, incluindo seu primeiro evento Grand Slam, o campeonato francês de solteiros, em 1956.

Althea Gibson venceu o campeonato italiano de solteiros naquele ano e o título duplo em Wimbledon. Gibson conquistou os títulos de dupla australiana e de dupla mista nos EUA em 1957. Nesse mesmo ano, ela ganhou os campeonatos de singulares e duplas em Wimbledon e de solteiros em Forest Hills, e Gibson reconquistou todos esses três títulos em 1958. Ela então se aposentou do tênis amador.

Althea Gibson jogou por um tempo como profissional, inclusive nas partidas de tênis de exibição nos jogos do Harlem Globetrotters, mas houve poucos torneios de tênis profissionais realizados naqueles anos. Em vez disso, ela começou a jogar golfe. Em 1963, ela se tornou a primeira atleta negra a jogar no circuito da Associação de Golfe Profissional Feminino (LPGA). A partir de 1973, ela serviu como administradora esportiva, principalmente para o estado de Nova Jersey, onde viveu em seus últimos anos.

Althea Gibson publicou uma autobiografia, *I Wanted to Be Somebody*, em 1958. Gibson morreu em East Orange, Nova Jersey, em 28 de setembro de 2003.

Destaques

- Althea Gibson, foi o primeiro jogador negro a vencer os campeonatos de francês (1956), Wimbledon (1957-58) e U.S. Open (1957-58) de solteiros.
- Em 1942 Gibson ganhou seu primeiro torneio, que foi patrocinado pela Associação Americana de Tênis (ATA), uma organização fundada por jogadores afro-americanos.
- Em 1947 Gibson capturou o campeonato de mulheres solteiras da ATA, que ela realizaria por 10 anos consecutivos.
- Enquanto freqüentava a Universidade Agrícola e Mecânica da Flórida (B.S., 1953) em Tallahassee, ela continuou a jogar em torneios pelo país e em 1950 tornou-se a primeira jogadora de tênis preto a entrar no campeonato nacional de quadras de grama em Forest Hills, Queens, Nova York.
- Gibson também venceu as duplas mistas americanas e as duplas australianas em 1957.

1. O que você diria a alguém que não acha que essas mulheres merecem ser influentes, capacitadas e inspiradoras?
2. Se você pudesse jantar com qualquer mulher na história (real ou fictícia), quem seria?
3. Qual programa de TV você acha que será o mais feminista de todos os tempos, e por quê?

Yingluck Shinawatra (nascido em 1967)

Primeiro-ministro da Tailândia

"Estou pronto para lutar de acordo com as regras, e peço a oportunidade de me provar". "

A primeira primeira mulher primeira-ministra da Tailândia foi a empresária e política Yingluck Shinawatra. Ela serviu como primeira-ministra do país de 2011 a 2014. Yingluck era irmã do ex-primeiro ministro Thaksin Shinawatra, que havia sido expulsa em um golpe militar sem derramamento de sangue.

Yingluck Shinawatra nasceu em 21 de junho de 1967, na cidade de San Kamphaeng, Tailândia. Shinawatra era o mais novo de nove crianças nascidas em uma família rica de ascendência chinesa. O pai de Yingluck foi membro do Parlamento do final dos anos 60 até meados dos anos 70. Seu irmão Thaksin também serviu no parlamento e em vários cargos ministeriais antes de servir como primeiro-ministro de 2001 a 2006.

Yingluck Shinawatra se formou na Universidade Chiang Mai em 1988. Ela cursou pós-graduação nos Estados Unidos, obtendo um mestrado em administração pública pela Universidade Estadual do Kentucky, em Frankfurt, em 1991.

Após retornar à Tailândia, Yingluck Shinawatra começou a trabalhar nos vários empreendimentos comerciais de sua família. Com o tempo, ela se tornou uma das principais executivas do Advanced Info Service (AIS), o ramo de telecomunicações da grande empresa holding da família. Em 2006, a matriz da AIS foi vendida a um conglomerado sediado em Singapura.

Esta transação controversa trouxe um enorme lucro para a família, mas foi um dos fatores que levou Thaksin à queda no final daquele ano. Após a venda, Yingluck Shinawatra tornou-se presidente do negócio imobiliário da família. Seu irmão foi removido como primeiro-ministro e exilou-se.

Thaksin permaneceu popular na Tailândia, porém, especialmente entre a população rural na parte norte do país. Tensões surgiram entre seus partidários e seus oponentes, que eram principalmente elites urbanas. Por fim, os protestos em massa prolongados dos partidários de Thaksin na primavera de 2010 em Bangkok foram reprimidos à força pelos militares tailandeses.

Depois que Thaksin foi destituído do cargo, seu partido político foi banido. Em 2008, foi formado um sucessor para seu partido. O novo partido foi nomeado Partido For Thais (Phak Puea Thai; PPT). As eleições parlamentares foram anunciadas no início de maio de 2011, e Yingluck declarou sua candidatura ao cargo pouco depois.

Yingluck Shinawatra, visto como um rosto novo na política tailandesa, foi, no entanto, ajudado consideravelmente por ser irmã de Thaksin. Nas eleições do dia 3 de julho, Shinawatra foi varrida para a vitória nas urnas, junto com o PPT. Ela se tornou primeira-ministra.

Quase imediatamente após tomar posse, Yingluck Shinawatra teve que lidar com inundações maciças em grandes porções da Tailândia causadas por chuvas de monção excepcionalmente fortes. O desastre deixou centenas de pessoas mortas e encerrou uma grande parte das operações de fabricação de propriedade estrangeira economicamente vital do país. A maioria dessas empresas estava de volta às atividades em meados de 2012, o que ajudou a reanimar a economia da Tailândia.

Politicamente, Yingluck Shinawatra teve que enfrentar constantes críticas da oposição de que ela estava agindo como uma representante de seu irmão Thaksin exilado. Em 2013, seu governo tentou conceder anistia aos envolvidos nas tensões políticas entre 2006 e 2010 - o que, acredita-se, incluiria seu irmão. Este esforço não só falhou na legislatura, mas levou a protestos antigovernamentais em massa no final do ano.

Yingluck Shinawatra respondeu dissolvendo a legislatura e agendando eleições antecipadas para fevereiro de 2014. Os manifestantes da oposição conseguiram interromper o processo de votação, no entanto, e a justiça considerou a eleição inválida.

Yingluck Shinawatra pediu novas eleições, que deveriam ser realizadas em julho de 2014. No início de maio, entretanto, o Tribunal Constitucional do país decidiu que ela havia removido ilegalmente um funcionário do governo no início de sua administração, e ela foi demitida do cargo. Um dia depois de sua expulsão, ela foi indiciada por acusações de corrupção decorrentes de um programa de subsídio de arroz instituído por seu governo.

Mais tarde, em maio, os militares encenaram um golpe sem derramamento de sangue e estabeleceram um conselho governante. No início de agosto, o conselho havia nomeado uma legislatura provisória. Em janeiro de 2015, enquanto as acusações criminais ainda estavam pendentes contra ela, essa legislatura votou para impedir a Yingluck por seu envolvimento no programa de subsídio de arroz. Como resultado, Shinawatra não era elegível para concorrer a cargos públicos durante os próximos cinco anos.

Destaques

- Yingluck Shinawatra, é uma empresária e política tailandesa que foi primeira-ministra da Tailândia de 2011 a 2014.
- Ela era a irmã mais nova do ex-primeiro ministro Thaksin Shinawatra e a primeira mulher no país a ocupar esse cargo.
- Thaksin foi expulso do cargo em um golpe militar sem derramamento de sangue em setembro de 2006.
- Foi emitido um mandado de prisão para ela, mas membros de seu partido relataram que ela havia fugido do país para juntar-se a seu irmão em Dubai.

Questões de pesquisa

---

1. Qual é sua líder feminina favorita e por quê?
2. Quem é sua chefe favorita (empresária)?
3. Que tipo de problemas sociais você enfrenta ou enfrentou como estudante (em relação à raça, gênero, sexualidade) e como eles foram superados?

Gertrude B. Elion (1918-1999)

bioquímico e farmacologista americano

A farmacologista americana Gertrude B. Elion recebeu o prêmio Nobel de fisiologia ou medicina em 1988 junto com George H. Hitchings e Sir James W. Black. Os três receberam o prêmio por seu desenvolvimento de medicamentos usados no tratamento de várias doenças importantes.

Gertrude Belle Elion nasceu em 23 de janeiro de 1918, na cidade de Nova York. Formou-se em bioquímica no Hunter College, em Nova York, em 1937. Incapaz de obter uma posição de pesquisa de pós-graduação por ser mulher, Elion aceitou uma série de empregos, incluindo assistente de laboratório, professora de química e física em escolas secundárias da cidade de Nova York, e química de pesquisa.

Durante este período, Elion também teve aulas na Universidade de Nova York, onde obteve o título de mestre em 1941. Como Elion não podia se dedicar a estudos em tempo integral, ela nunca recebeu o doutorado.

Em 1944 Gertrude B. Elion juntou-se aos Laboratórios Burroughs Wellcome (agora parte da GlaxoSmithKline). Lá ela foi primeiro a assistente e depois a colega de Hitchings, com quem trabalhou durante as quatro décadas seguintes.

Gertrude B. Elion e Hitchings desenvolveram uma série de novos medicamentos eficazes contra leucemia, distúrbios auto-imunes, infecções urinárias, gota, malária e herpes viral. Seu sucesso se deveu principalmente a seus métodos inovadores de pesquisa. Em vez de utilizar a abordagem de ensaio e erro utilizada pelos farmacologistas anteriores, Elion e Hitchings examinaram a diferença entre a bioquímica das células humanas normais e a das células cancerígenas, bactérias, vírus e outros patógenos (agentes causadores de doenças).

Eles usaram estas informações para criar drogas que poderiam visar um determinado patógeno sem prejudicar as células normais do hospedeiro humano. Seus métodos lhes permitiram eliminar grande parte do trabalho de adivinhação e do esforço desperdiçado típico das pesquisas anteriores com drogas.

Embora Gertrude B. Elion tenha se aposentado oficialmente em 1983, ela ajudou a supervisionar o desenvolvimento da azidothymidine (AZT), o primeiro medicamento usado no tratamento da AIDS. Em 1991, ela recebeu uma Medalha Nacional da Ciência e foi admitida no Hall Nacional da Fama da Mulher. Elion morreu em 21 de fevereiro de 1999, em Chapel Hill, N.C.

Destaques

- Gertrude B. Elion, em pleno Gertrude Belle Elion, formou-se no Hunter College em Nova Iorque com um diploma em bioquímica em 1937.
- Incapaz de se dedicar a estudos em tempo integral, Elion nunca recebeu um doutorado.

- Elion e Hitchings desenvolveram uma série de novos medicamentos eficazes contra leucemia, doenças auto-imunes, infecções do trato urinário, gota, malária e herpes viral.
- Embora Elion tenha se aposentado oficialmente em 1983, ela ajudou a supervisionar o desenvolvimento da azidothymidine (AZT), o primeiro medicamento usado no tratamento da AIDS.
- Em 1991, ela recebeu uma Medalha Nacional da Ciência e foi admitida no Hall Nacional da Fama da Mulher.

---

1. Estamos vivendo em uma época em que é mais fácil para as mulheres perseguir seus sonhos do que em gerações anteriores de mulheres?
2. Você conhece alguma mulher que tenha feito algo especial?
3. O que você pensa sobre o estado atual do empoderamento das mulheres na sociedade de hoje?

Katharine Graham (1917-2001)

A primeira mulher a dirigir uma empresa da Fortune 500

Ao saber da morte da editora e empresária americana Katharine Graham, o presidente americano George W. Bush disse à nação que havia perdido a "primeira dama" do jornalismo americano. Sob a orientação de Graham, o The Washington Post aumentou sua circulação e tornou-se o jornal mais influente da capital americana e um dos mais poderosos do país.

Katharine Graham também transformou a The Washington Post Company em uma grande potência de mídia diversificada e, nesse processo, Graham tornou-se a primeira mulher a dirigir uma empresa da Fortune 500.

Ela nasceu Katharine Meyer em 16 de junho de 1917, na cidade de Nova York. Seu pai, Eugene, era um banqueiro de investimentos de sucesso e sua mãe, Agnes, uma mecenas das artes e uma defensora da educação. Katharine freqüentou a Faculdade Vassar em Poughkeepsie, Nova York, de 1934 a 1936 e depois foi transferida para a Universidade de Chicago, formando-se em 1938.

Após um ano como repórter do San Francisco News, Katharine juntou-se à equipe editorial do The Washington Post, que seu pai havia comprado em uma venda em bancarrota em 1933. Ela também trabalhou nos departamentos editoriais e de circulação do Sunday Post.

Em 1940 Katharine se casou com Philip Graham, advogado, e em 1945 havia desistido de sua carreira em favor de sua crescente família. Em 1946 seu marido abandonou suas ambições políticas para se tornar editor do Correio, e em 1948 o casal comprou as ações com direito a voto da corporação de seu pai.

Katharine Graham permaneceu à parte, porém, do envolvimento ativo nos negócios, pois The Washington Post Company adquiriu o rival Times-Herald em 1954, a revista Newsweek em 1961, e várias estações de rádio e televisão.

Em setembro de 1963, após a morte maníaco-depressiva de seu marido por suicídio, Katharine Graham assumiu a presidência da The Washington Post Company. De 1969 a 1979, Graham também ocupou o título de editora. Sob sua liderança, The Washington Post tornou-se conhecido por sua agressiva reportagem de investigação.

Com a ajuda do editor Benjamin C. Bradlee, Katharine Graham guiou o jornal através da publicação de 1971 dos Documentos do Pentágono (uma história secreta do governo sobre a guerra no Vietnã) e da quebra do escândalo Watergate de 1972 (que levou à demissão da presidência de Richard M. Nixon em 1974 sob a ameaça de impeachment). Em ambos os casos, as agências governamentais a pressionaram a não publicar as histórias, mas ela se manteve firme e ganhou muito respeito do público e de colegas jornalistas.

Katharine Graham tirou a The Washington Post Company da receita de 84 milhões de dólares quando assumiu o controle do jornal em 1963 para uma receita de 1,4 bilhões de dólares no início dos anos 90. A empresa iniciou a venda pública de suas ações em 1971. Ela também cresceu através de novas aquisições, incluindo o jornal The Herald em Everett, Wash.; numerosas estações de televisão; operações de televisão a cabo; Kaplan Educational Centers; Washington Post Newsweek Interactive, uma empresa de informação eletrônica; Post Newsweek Tech Media Group, uma editora de periódicos empresariais; e The Gazette Newspapers, editora de vários semanários. Katharine Graham atuou como diretora executiva da empresa de 1973 a 1991 e como presidente da diretoria de 1973 a 1993; seu filho Donald a sucedeu em ambos os cargos.

O Overseas Press Club concedeu a Katharine Graham seu prêmio de presidente por toda a vida no jornalismo em 1997. Em 1998, aos 80 anos de idade, Graham recebeu o prêmio Pulitzer de biografia por sua autobiografia, História Pessoal (1997). Graham morreu em 17 de julho de 2001, em Boise, Idaho, devido a lesões na cabeça sofridas durante uma queda alguns dias antes.

Destaques

- Após um ano como repórter do San Francisco News, Katharine Graham juntou-se à equipe editorial do The Washington Post, que seu pai havia comprado em 1933.
- Em 1972 Katharine Graham assumiu o cargo de diretora executiva da Washington Post Company, tornando-se assim a primeira mulher CEO de uma empresa da Fortune 500; ela ocupou o cargo até 1991.
- Em 1998 Katharine Graham recebeu o Prêmio Pulitzer de biografia por sua autobiografia, História Pessoal (1997).

Questões de pesquisa

1. Como você acha que uma garota pode se tornar grande em Nova York e se tornar uma das mulheres mais influentes da história?
2. Você pode um dia se ver como presidente ou CEO?
3. Qual é uma lição de liderança que você aprendeu com Katharine Graham?

Babe Didrikson Zaharias (1911-1956)

Atleta americano

Uma atleta americana notável do século 20 foi Babe Didrikson Zaharias. Ela se apresentou no basquete, atletismo e golfe. Didrikson se voltou ao golfe como uma forma de relaxamento em 1932, mas em poucos anos ela se tornou a principal mulher golfista dos Estados Unidos.

Didrikson nasceu Mildred Ella Didriksen (ela mais tarde mudou a ortografia) em Port Arthur, Tex., em 26 de junho de 1911. Ela se tornou uma jogadora de basquete americano em 1930 e 1931. Em 1932, no torneio anual de atletismo feminino patrocinado pela Amateur Athletic Union, ela participou de oito eventos e venceu cinco.

Nos Jogos Olímpicos de Verão de 1932 em Los Angeles Babe Didrikson Ela ganhou medalhas de ouro pelo lançamento de dardo e pelos 80 metros de obstáculos, em ambos os quais ela bateu recordes. Ela foi privada de uma medalha de ouro no salto em altura por causa de um detalhe técnico. Didrikson também se destacou no softball, beisebol, natação, patinação artística, bilhar e até no futebol. Após os Jogos Olímpicos de 1932, ela se profissionalizou e participou de exposições em todo o país.

Babe Didrikson começou a jogar golfe casualmente em 1932, mas depois de 1934 ela jogou o jogo exclusivamente. Ela logo se tornou a jogadora amadora de golfe líder nos Estados Unidos. Em 1946 ela ganhou o torneio amador feminino dos Estados Unidos.

Em 1947, Babe Didrikson ganhou 17 campeonatos de golfe consecutivos e tornou-se o primeiro americano a vencer o campeonato de amador das damas britânicas. Didrikson tornou-se uma golfista profissional em 1948, e em 1950 ganhou o Open Feminino dos Estados Unidos. De 1948 a 1951 Didrikson foi a principal vencedora em dinheiro entre as golfistas femininas. Em 1954, ela ganhou novamente o Open, assim como o All-American Open.

Babe Didrikson casou-se com o lutador profissional George Zaharias em 1938. Em 1953 ela foi submetida a uma cirurgia de câncer, que provou não ter tido sucesso e teve que ser repetida em 1956. Babe Didrikson Zaharias morreu naquele ano, em 27 de setembro, em Galveston, Tex. Sua autobiografia, *This Life I've Led*, na qual ela afirmou falsamente ter nascido em 1914, foi publicada em 1955. Um filme televisivo de sua vida intitulado *Babe* foi feito em 1975.

Destaques

- Em 1950 Didrikson Zaharias ajudou a fundar a Associação das Damas Profissionais de Golfe, e ela se tornou a principal concorrente da LPGA.
- Ela não apenas atraiu o interesse pelo jogo feminino, mas revolucionou o esporte e era conhecida por seus poderosos impulsos.
- Diagnosticada com câncer de cólon, ela foi submetida a cirurgia em 1953. No ano seguinte, em uma das maiores reviravoltas do esporte, ela capturou seu terceiro Open dos EUA. Embora ela

usasse uma bolsa de colostomia, Didrikson Zaharias dominou o evento, ganhando por 12 golpes.

- Ela foi condecorada postumamente com a Medalha Presidencial da Liberdade em 2021.

---

1. Você teve alguma mentora feminina em sua vida quando era criança?
2. Que grupo ou organização você diria que está capacitando as mulheres hoje (e não limita sua assistência a nenhum segmento em particular)?
3. Por que você acha que as pessoas gostam tanto de ler fábulas com mulheres como o Capuchinho Vermelho?

Madre Teresa (1910-1997)

Freira albano-indiana católica romana e missionária

"Espalhe o amor por onde quer que você vá. Que ninguém nunca venha até você sem sair mais feliz". "

Uma das mulheres mais respeitadas do mundo, Santa Madre Teresa era conhecida internacionalmente por seu trabalho caritativo entre as vítimas da pobreza e da negligência - especialmente nas favelas de Calcutá (hoje Kolkata), Índia.

Ela também é chamada de Santa Teresa de Calcutá. Em 1979, Madre Teresa recebeu o Prêmio Nobel da Paz em reconhecimento a seus esforços humanitários. Teresa também recebeu a Jóia da Índia, a mais alta medalha civil da Índia, bem como títulos honoríficos de instituições acadêmicas de todo o mundo. A Igreja Católica Romana a declarou santa em 2016.

O nome original da Madre Teresa era Agnes Gonxha Bojaxhiu. Ela nasceu em Skopje, Macedônia, de ascendência albanesa. Ela foi batizada lá em 27 de agosto de 1910. Aos 18 anos, ela decidiu tornar-se freira e aventurou-se em Dublin, Irlanda, a juntar-se às Irmãs de Loretto, uma comunidade de freiras irlandesas com uma missão na Arquidiocese de Calcutá.

Após um ano, Madre Teresa deixou a Irlanda para juntar-se ao convento Loretto em Darjeeling, Índia. Seu trabalho incluiu um posto de ensino na St. Mary's High School em Calcutá, onde ela testemunhou a miséria que marcava as favelas da cidade.

Em 1946, Madre Teresa lembrou mais tarde, ela recebeu um "chamado dentro de um chamado", experimentando o que ela considerava inspiração divina para iniciar um novo capítulo em sua vida, um dedicado a ajudar os doentes e empobrecidos. Nesse ano ela fundou uma nova ordem religiosa, a dos Missionários da Caridade. Esta nova ordem foi oficialmente reconhecida pela Igreja Católica Romana em 1950. A ordem organizou escolas e abriu centros para tratar os cegos, os idosos, os leprosos, os deficientes e os moribundos.

Em 1952 Madre Teresa fundou o Nirmal Hriday ("Place for the Pure of Heart") em Calcutá - um lar para o qual os doentes terminais podiam ir para morrer com dignidade. Apesar de suas próprias crenças religiosas, ela exigiu que os voluntários e trabalhadores da Nirmal Hriday respeitassem as crenças religiosas daqueles que vieram para o santuário em seus últimos dias. Sob sua orientação, uma colônia de leprosos chamada Shanti Nagar ("Cidade da Paz") foi construída perto de Asansol, em Bengala Ocidental.

Nos anos após seu início, os Missionários da Caridade estabeleceram centros em todo o mundo. Em 1968, o Papa Paulo VI chamou Madre Teresa a Roma, Itália, para fundar ali um lar. Em 1971, ele lhe concedeu o primeiro Prêmio da Paz do Papa João XXIII.

Sob a direção de Madre Teresa, os Missionários da Caridade estabeleceram orfanatos, centros de nutrição, centros de saúde e escolas, trazendo alívio a diversas pessoas, desde negros empobrecidos na África do Sul até cristãos e muçulmanos no Líbano devastado pela guerra, no início dos anos 80, até os pobres na seção do Harlem da cidade de Nova York.

Depois que Madre Teresa sofreu um ataque cardíaco em 1989, ela foi equipada com um marcapasso. Por causa de seus problemas de saúde, Madre Teresa renunciou como superior geral da ordem em abril de 1990. Ela foi votada fora da aposentadoria pelos membros, porém, e retornou ao seu posto em setembro.

No início de 1997, Madre Teresa começou a sofrer de problemas de saúde cada vez mais graves, incluindo distúrbios cardíacos e renais. Apenas alguns meses após deixar definitivamente a liderança dos Missionários da Caridade, ela morreu de um ataque cardíaco em Calcutá, em 5 de setembro de 1997, aos 87 anos de idade.

Na época de sua morte, as missões da ordem de Madre Teresa existiam em mais de 90 países e tinham crescido para incluir cerca de 4.000 freiras e centenas de milhares de trabalhadores leigos e voluntários. A Irmã Nirmala, membro de longa data da ordem, sucedeu-a como chefe da organização.

Dois anos após a morte de Madre Teresa, o processo para declará-la santa foi iniciado, com autorização especial do Papa João Paulo II. Madre Teresa foi beatificada em 19 de outubro de 2003, alcançando as fileiras dos beatos no que foi então o tempo mais curto da história da Igreja Católica Romana. O Papa Francisco I canonizou Madre Teresa em 4 de setembro de 2016.

Destaques

- Madre Teresa, em plena Santa Teresa de Calcutá, também chamada de Santa Madre Teresa, nome original Agnes Gonxha Bojaxhiu, foi a ganhadora de numerosas honrarias, incluindo o Prêmio Nobel da Paz de 1979.
- Em seus últimos anos, Madre Teresa falou contra o divórcio, a contracepção e o aborto.

- Um agravamento do estado cardíaco forçou sua aposentadoria, e a ordem escolheu a Irmã Nirmala, nascida na Índia, como sua sucessora em 1997.
- Embora Madre Teresa tenha demonstrado alegria e um profundo compromisso com Deus em seu trabalho diário, suas cartas (que foram coletadas e publicadas em 2007) indicam que ela não sentiu a presença de Deus em sua alma durante os últimos 50 anos de sua vida.

Questões de pesquisa

---

1. Existe uma mulher capacitada cujo trabalho e palavras influenciaram a maneira como outros pensam sobre as questões da mulher e o feminismo nos próximos anos?
2. Como os valores tradicionais ou não tradicionais (como a identidade de gênero) influenciaram sua infância?
3. Como o gênero desempenhou um papel em sua vida (positivo e negativo)?

Angela Merkel (nascida em 1954)

Primeira chanceler feminina da Alemanha

"Eu nunca me subestimei. E eu nunca vi nada de errado com a ambição".

Notada por sua habilidade política, a política Angela Merkel tornou-se a primeira chanceler feminina da Alemanha, em 2005. Merkel foi reeleita para o cargo nas eleições parlamentares de 2009, 2013, e 2017. Merkel foi uma das três únicas pessoas eleitas para quatro mandatos como chanceler nos anos após a Segunda Guerra Mundial. (Os outros foram Konrad Adenauer e Helmut Kohl).

O estilo de governo de Angela Merkel foi caracterizado pelo pragmatismo, ou uma abordagem prática para a solução de problemas. Como chefe do país mais populoso e economicamente poderoso da Europa, ela desempenhou um importante papel de liderança dentro da União

Européia (UE). Ela era vista por muitos como uma defensora dos valores democráticos liberais.

Merkel teve que enfrentar várias crises durante seus mandatos. Durante uma crise econômica européia, Merkel promoveu um rigoroso programa de cortes de gastos e aumentos de impostos. Angela Merkel trabalhou para manter a UE forte e unificada, especialmente depois que o Reino Unido votou para deixar o sindicato (no que foi chamado de "Brexit"). Durante uma crise de refugiados, ela permitiu que um grande número de migrantes entrassem na Alemanha - uma política que era profundamente impopular com muitos alemães.

Angela Merkel nasceu Angela Dorothea Kasner em 17 de julho de 1954, em Hamburgo, Alemanha Ocidental. Ela se mudou com sua família para a Alemanha Oriental quando era apenas uma criança. Depois de obter o doutorado em Física na Universidade de Leipzig em 1978, ela se estabeleceu em Berlim Oriental. Lá ela trabalhou na Academia de Ciências como química quântica.

Após se envolver no movimento democrático nos anos 80, Merkel aderiu à União Democrata Cristã (CDU), um partido político conservador. Em 1990, Merkel foi eleita para a Câmara Baixa do Parlamento. Posteriormente, ela serviu sob o Chanceler Helmut Kohl como Ministra dos Assuntos da Família, Terceira Idade, Mulheres e Jovens, de 1991 a 1994. Ela foi ministra do meio ambiente, conservação e segurança de reatores de 1994 a 1998.

Em 1998, Gerhard Schröder e o Partido Social Democrata da Alemanha (SPD) venceram as eleições de Kohl e da CDU. Um ano depois, Kohl esteve envolvido em um escândalo resultante da coleta de contribuições ilegais da campanha. Merkel mudou decisivamente seu apoio de Kohl, aumentando sua visibilidade e popularidade junto aos eleitores alemães.

Em 2000, Angela Merkel foi eleita chefe da CDU, tornando-se a primeira mulher e a primeira católica não-romana a liderar o partido. Merkel foi também a primeira líder da CDU a vir da ala liberal do partido. O partido irmão da CDU na Baviera, a ultraconservadora União Social Cristã (CSU), desaprovou sua eleição. Como conseqüência, ela teve que enfrentar não apenas os efeitos prolongados do escândalo financeiro, mas também com um partido dividido. Para as eleições gerais de 2002, o partido nomeou Edmund Stoiber da CSU para chanceler, mas ele perdeu mais tarde para Schröder.

Angela Merkel recebeu a indicação da CDU para chanceler para as eleições de 2005. Em promessas de campanha, ela prometeu reformar a economia do país em dificuldades. Ela também prometeu reparar as relações com os Estados Unidos, que haviam se tornado tensas pela oposição de Schröder à Guerra do Iraque.

A CDU e a CSU ganharam as eleições gerais, mas não conquistaram a maioria com seu parceiro de coalizão preferido, o Partido Democrata Livre (FDP). Após semanas de negociações, chegou-se a um acordo com o SPD que deu a Merkel a chancelaria em um governo de "grande coalizão".

Angela Merkel tomou posse em novembro de 2005, tornando-se a primeira alemã oriental a ocupar o cargo. Aos 51 anos, Merkel também se tornou a chanceler mais jovem da história alemã até aquela época.

Em setembro de 2009, Angela Merkel foi reeleita chanceler. Desta vez a CDU-CSU e o FDP ganharam assentos suficientes para formar uma coalizão sem o SPD. Durante o segundo mandato da Merkel, ela desempenhou um papel importante na resposta da UE a um período de incerteza econômica. Conhecida como a crise da dívida da zona do euro, ela foi desencadeada por altos níveis de dívida pública em vários países europeus que usaram o euro como moeda.

Juntamente com o presidente francês Nicolas Sarkozy, Angela Merkel defendeu os cortes nos gastos do governo austero e o aumento dos impostos como o caminho para a recuperação das economias européias danificadas. O sucesso mais visível da Merkel nesta arena foi um acordo sob o qual os governos se comprometeram a operar dentro de parâmetros específicos de orçamento equilibrado.

O acordo entrou em vigor em janeiro de 2013. Entretanto, muitas pessoas consideraram a abordagem da Merkel em relação à crise da zona do euro muito rigorosa. Eles advertiram que medidas severas de austeridade poderiam infligir danos às economias já deterioradas.

Nas eleições federais de setembro de 2013, a aliança CDU-CSU obteve uma vitória impressionante, capturando quase 42% dos votos - pouco menos que uma maioria absoluta. Angela Merkel tornou-se a terceira chanceler do pós-guerra. Entretanto, como o parceiro de coalizão de seu governo, o FDP, não conseguiu atingir o limite de 5% de representação, Merkel teve que formar outra grande coalizão com o SPD.

A economia européia em dificuldade continuava a crescer com a entrada de Angela Merkel em seu terceiro mandato como chanceler. Ela logo teve que lidar com os desafios de segurança nas fronteiras da UE também. No início de 2014, a Rússia assumiu à força a Crimea, uma república autônoma da Ucrânia, para torná-la parte da Rússia.

Angela Merkel liderou os esforços da UE para decretar sanções contra a Rússia. Merkel também participou de numerosas discussões com outros líderes mundiais em um esforço para restaurar a paz na região.

Angela Merkel também foi confrontada com a mais grave crise de refugiados da Europa desde a Segunda Guerra Mundial. A partir de 2015, um grande número de migrantes fugindo de conflitos na Síria, no Afeganistão e em outros lugares afluiu para a UE. Mais de um milhão dos migrantes foram para a Alemanha. Merkel sustentou que a Alemanha manteria suas fronteiras abertas em face da emergência humanitária.

Angela Merkel argumentou que todo alemão gostaria de receber pessoas que fogem de guerras e perseguições. No entanto, o grande número de refugiados que entrava na Alemanha pressionava os serviços públicos, incluindo a polícia e os guardas de fronteira. Eles também pressionaram a generosidade do público. Merkel foi duramente criticada na Alemanha, especialmente após uma série de ataques violentos no país em 2016.

Durante as celebrações do Ano Novo em 2016, centenas de mulheres foram atacadas por gangues de homens em Colônia e em outras cidades alemãs. Vários dos atacantes eram migrantes para a Alemanha. O país também foi o local de um par de ataques terroristas em julho de 2016 perpetrados por migrantes. Em dezembro daquele ano, um imigrante tunisino dirigiu intencionalmente um caminhão para um mercado de Natal lotado em Berlim, matando 12 pessoas.

O índice de aprovação de Angela Merkel baixou após os ataques, especialmente entre os seguidores dos partidos políticos de direita. Embora mantendo sua política de refugiados de porta aberta, Merkel introduziu planos para reforçar a segurança na Alemanha e diminuir o número de migrantes que chegam ao país. Sua popularidade se recuperou em 2017, e Merkel anunciou que se candidataria a uma reeleição que cairia.

Nas eleições gerais de 2017, a aliança CDU-CSU capturou cerca de um terço dos votos. Este foi o pior resultado dos partidos nos mais de 60 anos da era pós-guerra. Alternativa para a Alemanha, um partido político de extrema-direita que era anti-imigração, ganhou assentos no parlamento pela primeira vez. No entanto, a CDU-CSU ganhou a maior parte dos votos. Angela Merkel garantiu um quarto mandato como chanceler.

Angela Merkel recebeu a Medalha Presidencial da Liberdade dos Estados Unidos em 2011. Merkel recebeu a medalha por promover a liberdade e os direitos humanos na Alemanha e em todo o mundo.

Destaques

- Na primeira eleição pós-reunificação, em dezembro de 1990, Angela Merkel ganhou uma cadeira no Bundestag (Câmara Baixa do Parlamento) representando Stralsund-Rügen-Grimmen.
- Merkel foi nomeada ministra da mulher e da juventude pelo chanceler Helmut Kohl em janeiro de 1991.
- O segundo mandato da Merkel foi em grande parte caracterizado por seu papel pessoal na resposta à crise da dívida da zona do euro.
- Mais de um milhão de migrantes entraram na Alemanha em 2015, e o partido de Merkel pagou um preço político íngreme por sua postura sobre os refugiados.

Questões de pesquisa

1. Que conselho você daria a uma nova garota ou mulher em sua escola ou trabalho?

2. Que conselho você recebeu ou recebeu de uma de suas professoras que o inspira?

3. Qual personagem feminina da TV lhe inspira mais só por causa de seu estilo de vida e senso de moda?

Tsai Ing-wen (nascido em 1956)

Primeira presidente feminina de Taiwan

"Taiwan é a República da China, a República da China é Taiwan".

A primeira mulher presidente de Taiwan foi professora de direito e política Tsai Ing-wen. Ela tomou posse como presidente em 2016. Tsai, que era de ascendência Hakka, foi a primeira pessoa com ascendência em uma das minorias étnicas de Taiwan a ocupar esse cargo.

Tsai Ing-wen nasceu em 31 de agosto de 1956, na cidade de Fang-shan, município de P'ing-tung, Taiwan, em uma rica família empresarial. Tsai passou sua primeira infância na costa sul de Taiwan antes de ir para Taipé, onde completou sua educação.

Tsai Ing-wen recebeu um diploma de Direito em 1978 da Universidade Nacional de Taiwan em Taipei. Ela cursou pós-graduação no exterior, recebendo um mestrado em direito pela Cornell University, em Ithaca, Nova Iorque, em 1980.

Tsai Ing-wen obteve o doutorado em Direito pela London School of Economics, na Inglaterra, em 1984. Depois voltou para Taiwan, onde até 2000 lecionou direito em universidades em Taipei.

Tsai Ing-wen se envolveu no serviço governamental no início dos anos 90 quando foi indicada como conselheira de política comercial na administração do Presidente Lee Teng-hui. Nesse cargo, ela desempenhou um papel importante nas negociações que abriram o caminho para Taiwan aderir à Organização Mundial do Comércio em 2002.

Em 2000, Chen Shui-bian do Partido Democrático Progressista (DPP) tornou-se presidente de Taiwan. Ele nomeou Tsai como presidente do Conselho de Assuntos do Continente, que era responsável pelas relações entre Taiwan e a China. O conselho enfrentou desafios significativos durante a administração de Chen por causa da resistência do DPP à China e porque ele pediu que Taiwan se tornasse um país independente.

Em 2004 Tsai Ing-wen aderiu ao DPP e foi eleito como membro geral da legislatura nacional de Taiwan. Ela renunciou ao seu cargo no início de 2006, quando foi nomeada vice-premier de Taiwan.

Tsai Ing-wen permaneceu nesse posto até maio de 2007. Em 2008, após a perda do DPP nas eleições presidenciais de Taiwan, Tsai foi escolhida como a primeira mulher presidente do partido. Tsai reconstruiu com sucesso o DPP após sua derrota e foi reeleita para o cargo em 2010.

Tsai Ing-wen concorreu a prefeito da cidade de Nova Taipei, mas perdeu a eleição. Tsai também perdeu a corrida presidencial de 2012 contra a atual Ma Ying-jeou do Partido Nacionalista (Kuomintang, ou KMT). Apesar desses reveses, ela foi vista como uma candidata respeitável e eleita. Sua popularidade só aumentou durante a segunda administração Ma, quando seu governo ficou atolado em corrupção e incompetência.

O DPP novamente nomeou Tsai Ing-wen como seu candidato para as eleições presidenciais de 2016. Ela concorreu contra Eric Chu do KMT. A campanha de Tsai se concentrou no fraco desempenho do KMT e em suas relações cada vez mais amistosas com a China.

Tsai Ing-wen também enfatizou o contínuo mau desempenho da economia de Taiwan. No dia 16 de janeiro de 2016, Tsai derrotou Chu, e ela foi inaugurada em 20 de maio. Além de ser a primeira mulher presidente de Taiwan, Tsai também se tornou apenas a segunda pessoa a ganhar a presidência, que não era membro do KMT.

Após sua vitória, Tsai Ing-wen procurou assegurar a uma China preocupada que ela manteria relações cordiais com o continente.

Destaques

- Tsai Ing-wen passou sua infância no litoral sul de Taiwan antes de ir para Taipé, onde completou sua educação.
- Em dezembro de 2016, o delicado equilíbrio das relações Taiwan-China foi perturbado quando Tsai fez uma ligação telefônica para o presidente eleito dos EUA, Donald Trump, que derrubou várias décadas de protocolo diplomático tornando-se o primeiro chefe executivo dos EUA a falar com seu homólogo taiwanês desde 1979.
- Embora Tsai Ing-wen e Trump digam mais tarde que sua chamada não indicou uma mudança de política, em 2019 a administração Trump havia se comprometido com grandes vendas de armas para Taiwan, incluindo tanques, mísseis e caças a jato.
- Tendo defendido reformas impopulares nas políticas de energia e pensão de Taiwan, Tsai Ing-wen testemunhou uma queda considerável em sua popularidade com a aproximação das eleições presidenciais de 2020.

Questões de pesquisa

---

1. O que você acha que acontecerá se desmantelarmos sistematicamente a idéia de que homens e mulheres são intrinsecamente diferentes?
2. Como seus pais apoiaram/apoiam seus sonhos?
3. Quão difícil você acha que é equilibrar trabalho, vida familiar e manter uma posição de liderança?

Seu Presente

Você tem um livro em suas mãos.

Não é um livro qualquer, é um livro de livros para a imprensa estudantil!
Nós escrevemos sobre os heróis negros, a capacitação das mulheres,
mitologia, filosofia, história, e outros assuntos interessantes!

Desde que você comprou um livro, queremos que você tenha outro de
graça.

Tudo o que você precisa é um endereço de e-mail e a possibilidade de
assinar nossa newsletter (o que significa que você pode cancelar a
inscrição a qualquer momento).

Então, do que você está esperando? Inscreva-se hoje e reclame seu livro
gratuito imediatamente! Tudo o que você precisa fazer é visitar o link
abaixo e digitar seu endereço de e-mail. Você receberá o link para baixar a
versão em PDF do livro imediatamente para que possa ser lido offline a
qualquer momento.

E não se preocupe - não há taxas de captura ou escondidas; apenas um
bom brinde à moda antiga de nós aqui na Student Press Books.

Visite este link agora mesmo e inscreva-se para receber seu exemplar
gratuito de um de nossos livros!

Link: https://campsite.bio/studentpressbooks

Livros

Nossos livros estão disponíveis em todos os principais revendedores de livros on-line. Confira os pacotes digitais de nossos livros aqui: https://payhip.com/studentPressBooksPTBR

A série de livros História da Negritude

Bem-vindo à série de livros História da Negritude. Conheça negros que são exemplos de conduta com estas biografias inspiradoras sobre negros inovadores da América, África e Europa. Todos nós sabemos que a História da Negritude é importante, mas pode ser difícil encontrar boas fontes.

Muitos de nós estamos familiarizados com uma desconfiança habitual em relação aos livros de cultura e história que apenas apresentam personagens muito populares, mas estes livros também apresentam heróis negros menos conhecidos e heroínas do mundo inteiro cujas histórias merecem ser contadas. Estes livros de biografia o ajudarão a entender melhor como o sofrimento e as ações das pessoas moldaram seus países e comunidades para gerações futuras.

Títulos disponíveis:

1. 21 Heróis Negros Inspiradores: A vida de Realizadores Importantes do século 20: Martin Luther King Jr., Malcolm X, Bob Marley & Outros
2. 21 Heroínas Negras Excepcionais: História de Negras Importantes do Século 20: Daisy Bates, Maya Angelou & Outras

A série de livros Empoderamento Feminino.

Bem-vindo à série de livros Empoderamento Feminino. Aprenda sobre modelos femininos destemidos dos tempos modernos com estas biografias inspiradoras de homens e mulheres inovadoras do mundo inteiro. O empoderamento feminino é um tópico importante que merece mais atenção do que recebe. Durante séculos foi dito às mulheres que seu lugar é no lar, mas isto nunca foi verdade para todas as mulheres ou mesmo para a maioria delas.

As mulheres ainda estão sub representadas nos livros de história e as que são apresentadas tendem a ser relegadas a algumas páginas. No entanto, a história está repleta de histórias de mulheres fortes, inteligentes e independentes que superaram obstáculos e mudaram o curso da história simplesmente porque queriam viver suas próprias vidas.

Estes livros biográficos o inspirarão enquanto também ensinam lições valiosas sobre perseverança e superação de adversidades! Aprenda com estes exemplos que tudo é possível se você trabalhar duro o suficiente para isso!

Títulos disponíveis:

1. 21 Mulheres Excepcionais: A vida de Lutadores pela Liberdade e Rompedoras de Barreiras: Angela Davis, Marie Curie, Jane Goodall & Outras
2. 21 Mulheres Inspiradoras: A Vida de Mulheres Corajosas e Influentes do Século 20: Kamala Harris, Madre Teresa & Mais
3. 21 Mulheres Fantásticas: A Vida Inspiradora de Artistas Criativas do Século 20: Madonna, Yayoi Kusama & Mais
4. 21 Mulheres Incríveis: As Vidas Influentes de Mulheres Ousadas na Ciência do Século 20

A série de livros dos Líderes Mundiais.

Bem-vindo à série de livros dos Líderes Mundiais. Descubra os modelos de conduta reais e presidenciais do Reino Unido, EUA e outros países. Com estas biografias inspiradoras sobre as famílias reais, presidentes e chefes de estado você aprenderá sobre as pessoas corajosas que ousaram liderar, incluindo citações, fotos e fatos raros.

As pessoas são fascinadas pela história e pela política e por aqueles que a moldaram. Estes livros apresentam novas perspectivas sobre a vida de figuras notáveis. Esta série é perfeita para qualquer um que queira aprender mais sobre os grandes líderes de nosso mundo; jovens leitores ambiciosos e adultos que gostam de ler sobre pessoas interessantes.

Títulos disponíveis:

1. Os 11 Membros da Realeza Britânica: A Biografia da Casa de Windsor: Rainha Elizabeth II e Príncipe Philip, Harry e Meghan, e Outros
2. Os 46 Presidentes dos Estados Unidos: Suas Histórias, Conquistas e Legados: De George Washington a Joe Biden
3. Os 46 Presidentes dos Estados Unidos: Suas Histórias, Conquistas e Legados - Edição Estendida

A série de livros de Mitologia Cativante.

Bem-vindo à série de livros de Mitologia Cativante. Conheça os Deuses e Deusas do Egito e da Grécia, as divindades nórdicas e outras criaturas mitológicas.

Quem são estes antigos deuses e deusas? O que sabemos sobre eles? Quem realmente eram? Por que as pessoas os adoravam nos tempos antigos e de onde vinham esses deuses?

Estes livros apresentam novas perspectivas sobre os deuses antigos que inspirarão os leitores a compreender seu lugar na sociedade e aprender sobre a história. Estes livros de mitologia também abordam tópicos que a influenciaram a religião, literatura e arte, através de um formato envolvente com fotos ou ilustrações atraentes.

Títulos disponíveis:

1. Egito Antigo: Um Guia para os Misteriosos Deuses e Deusas Egípcias: Amun-Ra, Osiris, Anubis, Horus & Outros
2. Grécia Antiga: Um Guia dos Deuses Gregos Clássicos, Deusas, Deidades, Titãs e Heróis: Zeus, Poseidon, Apollo & Outros
3. Antigos Contos Nórdicos: Descubra os Deuses, Deusas e Gigantes dos Vikings: Odin, Loki, Thor, Freya & Outros

A série de livros de Teoria Simples.

Bem-vindo à série de livros Teoria Simples. Conheça a Filosofia, as ideias de filósofos antigos e outras teorias interessantes. Estes livros apresentam as biografias e ideias dos filósofos mais populares de lugares como a Grécia antiga e a China.

A filosofia é um assunto complexo e muitas pessoas lutam para entender até mesmo o básico dela. Estes livros são projetados para ajudá-lo a aprender mais sobre filosofia e são originais por causa de sua abordagem simples. Nunca foi tão fácil ou mais divertido obter uma maior compreensão da filosofia do que com estes livros. Além disso, cada livro também inclui perguntas para que você possa se aprofundar em seus próprios pensamentos e opiniões!

Títulos disponíveis:

1. Filosofia Grega: As Vidas e Ideias dos Filósofos da Grécia Antiga : Sócrates, Platão, Pitágoras e outros
2. Ética e Moralidade: Filosofia Moral, Bioética, Desafios Médicos e Filósofos Afins

A série de livros "Empoderamento de Jovens Empreendedores".

Bem-vindo à série de livros "Empoderamento de Jovens Empreendedores". Nunca é cedo demais para jovens ambiciosos iniciarem suas carreiras! Quer você seja um indivíduo de espírito empresarial tentando construir seu próprio império, quer seja um aspirante a empresário começando um longo e sinuoso caminho, estes livros o inspirarão com as histórias de empresários de sucesso.

Aprenda sobre suas vidas e seus fracassos e sucessos que farão você querer ter o controle de sua vida em vez de simplesmente vivê-la!

Títulos disponíveis:

1. 21 Empreendedores Bem-sucedidos: As vidas de realizadores importantes do século 20: Elon Musk, Steve Jobs e Outros
2. 21 Empreendedores Revolucionários: As vidas de empresários incríveis do século 19: Henry Ford, Thomas Edison e outros

A série de livros História Fácil.

Bem-vindo à série de livros História Fácil. Explore vários assuntos históricos desde a idade da pedra até os tempos modernos, mais as ideias e pessoas influentes que viveram ao longo dos tempos.

Estes livros são uma ótima maneira de entusiasmá-lo com a história. As pessoas são muitas vezes desligadas de livros com textos secos e chatos, mas elas adoram histórias de pessoas comuns que fizeram a diferença no mundo. Estes livros lhe dão essa oportunidade enquanto ainda lhe dão informações históricas importantes.

Títulos disponíveis:

1. Primeira Guerra Mundial: A Primeira Guerra Mundial, suas Grandes Batalhas e o Povo e as Forças Envolvidas
2. Segunda Guerra Mundial: A História da Segunda Guerra Mundial, Hitler, Mussolini, Churchill e outros personagens-chave envolvidos
3. O Holocausto: Os nazistas, a Ascensão do antissemitismo, Kristallnacht e os Campos de Concentração Auschwitz & Bergen-Belsen
4. A Revolução Francesa: O Antigo Regime, Napoleão Bonaparte, e as Guerras Revolucionária Francesa, Napoleônica e de Vendée

Nossos livros estão disponíveis em todos os principais revendedores de livros on-line. Confira os pacotes digitais de nossos livros aqui: https://payhip.com/studentPressBooksPTBR

Conclusão

Esperamos que tenham gostado desta coletânea sobre 21 Mulheres Inspiradoras do Século XX. Depois de ler sobre estas mulheres temos certeza de que você está um pouco mais inspirada.

De Benazir Bhutto a Kamala Harris e Serena Williams, há algo aqui para cada pessoa – tanto para quem quer se sentir empoderada quanto para quem quer se sentir inspirada. Portanto, vá em frente e confira uma das citações de cada mulher!

São mulheres destemidas que desafiaram as probabilidades e realizaram grandes coisas em suas vidas, provando que qualquer mulher pode ser uma inspiração, para que outras mulheres sigam o exemplo com um pouco de trabalho duro e determinação. Estas mulheres fizeram história quebrando barreiras antes que isso fosse aceitável.

Certifique-se de fazer uma segunda leitura e se inspirar novamente!

Você já leu este conteúdo educacional? O que você achou? Deixe sua opinião fazendo uma bela resenha deste livro!

Nós amaríamos isso, então, não se esqueça de escrever uma!

www.ingramcontent.com/pod-product-compliance
Lightning Source LLC
Chambersburg PA
CBHW061247140726
47998CB00006B/2133